JUMP Maths 3.2

Cahier 3 Partie 2

MW00903151

Table des matières

Unité 10 : Logique numérale : Division   1

Unité 11 : Les régularités et l'algèbre : Les régularités et les équations   31

Unité 12 : Logique numérale : Les fractions   50

Unité 13 : La mesure : Le temps   70

Unité 14 : La mesure : La capacité, la masse et la température   91

Unité 15 : Logique numérale : L'estimation   108

Unité 16 : Logique numérale : L'argent   119

Unité 17 : Géométrie : Les transformations et les formes 3D   157

Unité 18 : Probabilité et traitement de données : Les graphiques et la probabilité   182

jump math

MULTIPLYING POTENTIAL.

JUMP Math
One Yonge Street, Suite 1014
Toronto, Ontario M5E 1E5
Canada
www.jumpmath.org

Auteurs : Dre Anna Klebanov, Saverio Mercurio, Dr Sohrab Rahbar
Rédacteurs : Megan Burns, Liane Tsui, Julie Takasaki, Natalie Francis, Jackie Dulson, Janice Dyer, Dawn Hunter, Pauline Pelletier, Jodi Rauch, Strong Finish Editorial Design
Traducteur : Kativik Ilisarniliriniq
Mise en page et illustrations : Linh Lam, Fely Guinasao-Fernandes, Sawyer Paul
Conception de la couverture : Blakeley Words+Pictures
Photo de la couverture : © Shutterstock/irin-k

ISBN 978-1-928134-79-4

Cinquième impression juin 2022

Publié à l'origine en 2016 à titre de la New Canadian Edition of JUMP Math AP Book 3.2 (978-1-927457-96-2).

Imprimé et relié au Canada

Bienvenue à JUMP Math

L'entrée dans le monde de JUMP Math suppose de croire que tout enfant a la capacité d'apprendre à compter et d'aimer les mathématiques. Le mathématicien fondateur John Mighton a utilisé cette prémisse pour élaborer cette méthode d'enseignement novatrice. Les ressources qui en résultent isolent et décrivent les concepts de manière tellement claire et progressive que tout le monde peut les comprendre.

JUMP Math propose des guides pour les enseignants, qui sont au cœur même du programme, des leçons pour tableau interactif, des cahiers d'exercices et d'évaluation des élèves, du matériel d'évaluation, des programmes de sensibilisation et de la formation pour les enseignants. Tous ces éléments se trouvent sur le site Web de JUMP Math : **www.jumpmath.org**.

Les guides à l'intention des enseignants sont proposés sans frais sur le site Web. Lisez l'introduction de ces guides avant de commencer à vous en servir, afin de bien comprendre la philosophie et la méthodologie de JUMP Math. Les cahiers d'exercices et d'évaluation sont conçus pour être utilisés par les élèves sous la supervision d'un adulte. Chaque élève a des besoins uniques, de sorte qu'il est important de lui offrir le soutien et l'encouragement appropriés au fur et à mesure qu'il ou elle progresse.

Il faut dans la mesure du possible permettre aux élèves de découvrir les concepts par eux-mêmes. De fait, les découvertes mathématiques peuvent se faire à petits pas, de manière graduelle, de sorte que la réalisation d'une nouvelle étape ressemble à la réussite d'une section d'un casse-tête. C'est tout à la fois excitant et enrichissant!

Les élèves devront répondre aux questions marquées d'un ▤ dans un cahier d'exercices à feuilles quadrillées. Assurez-vous de toujours avoir des cahiers à feuilles quadrillées à portée de main pour répondre aux questions supplémentaires ou s'il est nécessaire de faire des calculs supplémentaires.

Table des matières

PARTIE 1
Unité 1 : Les régularités et l'algèbre : Les régularités

PA3-1	Compter	1
PA3-2	Les régularités numériques par addition	2
PA3-3	Compter à reculons	4
PA3-4	Les régularités numériques par soustraction	6
PA3-5	Les régularités numériques par addition ou soustraction	8
PA3-6	Les régularités numériques et les règles	10
PA3-7	Les nombres ordinaux	13
PA3-8	Les régularités numériques dans les tableaux	15
PA3-9	Les tableaux en T	17
PA3-10	Les attributs	20
PA3-11	Les régularités répétitives	22
PA3-12	Explorer les régularités	25

Unité 2 : Logique numérale : La valeur de position

NS3-1	Valeur de position – unités, dizaines et centaines	28
NS3-2	Les blocs de base dix	30
NS3-3	La forme décomposée	33
NS3-4	Écrire et lire des nombres	35
NS3-5	Écrire et lire des nombres à 3 chiffres	38
NS3-6	Montrer les nombres de différentes façons	39
NS3-7	Comparer les nombres avec les modèles en base dix	42
NS3-8	Comparer les nombres en fonction de la valeur de position	44
NS3-9	Placer les nombres en ordre	47
NS3-10	Les différences de 10 et de 100	49
NS3-11	Regrouper les unités, les dizaines et les centaines	52
NS3-12	Addition par regroupement – les dizaines	55
NS3-13	Addition par regroupement – les centaines	58
NS3-14	Soustraction sans regroupement	61
NS3-15	Soustraction par regroupement – les dizaines	63
NS3-16	Soustraction par regroupement – les centaines	66
NS3-17	Problèmes et énigmes	70

Unité 3 : Logique numérale : Additions et soustractions mentales

NS3-18	Introduction aux calcul mental	72
NS3-19	Obtenir 10 pour additionner	76
NS3-20	Les doubles	79
NS3-21	Addition de dizaines et addition d'unités	81
NS3-22	Fluidité en soustraction	83
NS3-23	Soustraire mentalement	85

NS3-24	Les parties et les totaux	87
NS3-25	D'autres parties et totaux	90
NS3-26	Les sommes et les différences	93

Unité 4 : La mesure : Longueur et périmètre

ME3-1	Mesurer en centimètres	95
ME3-2	Mesurer et dessiner en centimètres	98
ME3-3	Les mètres	100
ME3-4	Les mètres et les centimètres	102
ME3-5	Les kilomètres	104
ME3-6	Choisir les unités	106
ME3-7	Mesurer le contour d'une forme – le périmètre	109
ME3-8	Explorer le périmètre	112

Unité 5 : Géométrie : Les formes

G3-1	Introduction aux données de classification	114
G3-2	Les diagrammes de Venn	116
G3-3	Les côtés et les sommets des formes	120
G3-4	Trier les polygones	123
G3-5	Introduction aux angles	125
G3-6	Les formes avec des côtés égaux	129
G3-7	Les quadrilatères	132
G3-8	D'autres quadrilatères	135
G3-9	Les côtés parallèles	138
G3-10	Les quadrilatères spéciaux	141
G3-11	Comparer les quadrilatères spéciaux	143
G3-12	Les polygones (notions avancées)	145
G3-13	Les formes congruentes	147
G3-14	La symétrie	150

Unité 6 : Logique numérale : Compter par bonds et multiplication

NS3-27	Les nombres pairs et impairs	153
NS3-28	L'addition répétée	155
NS3-29	Compter par bonds de 2 et de 4	157
NS3-30	Compter par bonds de 5 et de 10	159
NS3-31	Compter par bonds de 3	160
NS3-32	La multiplication et l'addition répétée	162
NS3-33	La multiplication et les groupes égaux	164
NS3-34	Multiplier en comptant par bond	167
NS3-35	Les matrices	169
NS3-36	Les régularités dans la multiplication des nombres pairs	172
NS3-37	Les régularités dans la multiplication des nombres impairs	174
NS3-38	Les concepts en matière de multiplication (1)	176

Unité 7 : Logique numérale : Multiplication

NS3-39	Utiliser les doubles pour multiplier	178
NS3-40	Les parenthèses	180
NS3-41	Multiplier en additionnant	181
NS3-42	Trouver des moyens faciles de multiplier	183
NS3-43	Multiplier par 1 et par 0	185
NS3-44	Les tables de multiplication (1)	187
NS3-45	Les tables de multiplication (2)	189
NS3-46	L'associativité	191
NS3-47	Les concepts en matière de multiplication (2)	193

Unité 8 : La mesure : Aire

ME3-9	Les formes et l'aire	195
ME3-10	Mesurer l'aire au moyen de différentes unités	198
ME3-11	Compter par bond pour trouver l'aire	200
ME3-12	Multiplier pour trouver l'aire	202
ME3-13	Estimer et mesurer l'aire	204

Unité 9 : Probabilité et traitement de données : Les tableaux

PDM3-1	Les tableaux de pointage	207
PDM3-2	Diagrammes à droite numérique	209
PDM3-3	Lire les diagrammes à droite numérique	212

PARTIE 2
Unité 10 : Logique numérale : Division

NS3-48	Le partage lorsque le nombre d'ensembles est connu	1
NS3-49	Le partage lorsque le nombre dans chaque ensemble est connu	3
NS3-50	Les ensembles	5
NS3-51	Deux façons de partager	7
NS3-52	Deux façons de partager : les problèmes écrits	9
NS3-53	La division et l'addition	11
NS3-54	Diviser en comptant par bonds	13
NS3-55	Les deux sens de la division	15
NS3-56	La division et la multiplication	17
NS3-57	Savoir quand multiplier ou diviser	19
NS3-58	Savoir quand multiplier ou diviser : les problèmes écrits	21
NS3-59	La multiplication et la division (récapitulation)	23
NS3-60	Les rangées et les colonnes	25
NS3-61	Les problèmes écrits de multiplication et de division	28

Unité 11 : Les régularités et l'algèbre : Les régularités et les équations

PA3-13	Les régularités géométriques	31
PA3-14	Les régularités des droites numériques	34

PA3-15	Les régularités dans les tableaux	37
PA3-16	Égal et non égal	40
PA3-17	Les équations d'addition	42
PA3-18	Les équations de soustraction	45
PA3-19	L'utilisation des lettres pour des nombres inconnus	48

Unité 12 : Logique numérale : Les fractions

NS3-62	Le pliage égal de la feuille de papier	50
NS3-63	Les fractions unitaires	52
NS3-64	Écrire les fractions	54
NS3-65	Fractions et blocs géométriques	57
NS3-66	Les parties égales des formes	59
NS3-67	Formes différentes, mêmes fractions	61
NS3-68	Fractions d'un ensemble	63
NS3-69	Comparer des fractions	65
NS3-70	Les carrés fractionnés	68

Unité 13 : La mesure : Le temps

ME3-14	Horloges numériques	70
ME3-15	Nombres et aiguilles d'une horloge analogique	71
ME3-16	L'aiguille des minutes	74
ME3-17	L'heure aux cinq minutes	77
ME3-18	Demie et quart d'heures	79
ME3-19	Minutes avant l'heure	82
ME3-20	Lignes de temps	85
ME3-21	Intervalles de temps	87
ME3-22	Unités de temps	89

Unité 14 : La mesure : La capacité, la masse et la température

ME3-23	Capacité	91
ME3-24	Fractions d'un litre	94
ME3-25	Masse	97
ME3-26	Grammes et kilogrammes	99
ME3-27	Les problèmes écrits de masse	102
ME3-28	Fractions d'un kilogramme	104
ME3-29	Température	106

Unité 15 : Logique numérale : L'estimation

NS3-71	Arrondir aux dizaines	108
NS3-72	L'estimation	110
NS3-73	L'estimation des quantités	112
NS3-74	Valeur de position : unités, dizaines, centaines et unités de mille	115
NS3-75	Additionner pour faire un nombre à 4 chiffres	117

Unité 16 : Logique numérale : L'argent

NS3-76	Compter par bonds de 5 et de 25	119
NS3-77	Compter des pièces de monnaie	121
NS3-78	Compter au moyen de la valeur de 2 pièces ou plus	124
NS3-79	Quelles sont les pièces qui manquent?	127
NS3-80	Moins grand nombre de pièces de monnaie	130
NS3-81	Trouver la différence grâce au calcul mental	133
NS3-82	Compter de l'argent avec des dollars	136
NS3-83	Représenter l'argent jusqu'à 10 dollars	139
NS3-84	Notation en dollars et en cents	142
NS3-85	Compter de l'argent jusqu'à 100 dollars	144
NS3-86	La multiplication et l'argent	147
NS3-87	Faire des paiements et gagner de l'argent	150
NS3-88	Arrondir au 5 le plus proche (notions avancées)	152
NS3-89	Remettre la monnaie (notions avancées)	154

Unité 17 : Géométrie : Les transformations et les formes 3D

G3-15	Les translations	157
G3-16	Les translations sur des cartes	160
G3-17	Les réflexions	163
G3-18	Retourner, glisser et tourner	165
G3-19	Les formes 3D	169
G3-20	Construire des pyramides et des prismes	172
G3-21	Les faces des formes 3D	175
G3-22	Faire correspondre à des formes 3D	178
G3-23	Les formes aux surfaces courbes	180

Unité 18 : Probabilité et traitement de données : Les graphiques et la probabilité

PDM3-4	Introduction aux pictogrammes	182
PDM3-5	Les pictogrammes	185
PDM3-6	Créer des pictogrammes	187
PDM3-7	Introduction aux diagrammes à bandes	189
PDM3-8	Les diagrammes à bandes	192
PDM3-9	Les échelles des diagrammes à bandes	195
PDM3-10	Comparer des diagrammes	199
PDM3-11	Les sondages	201
PDM3-12	Les résultats	204
PDM3-13	Chance égale	206
PDM3-14	Égal, probable et improbable	209
PDM3-15	Jeux équitables	211
PDM3-16	Espérance mathématique	214

Quatre amis souhaitent partager 12 biscuits. Ils sortent 4 assiettes.

Ils placent un biscuit dans chaque assiette, puis recommencent.

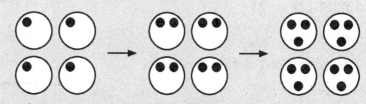

Chaque assiette comprend un **ensemble** (ou groupe) de 3 biscuits.

Lorsque les 12 biscuits sont **divisés** (ou partagés également) entre les 4 ensembles, il y a 3 biscuits **dans chaque ensemble**.

1. Mets un nombre égal de biscuits dans chaque assiette.
   Indice : Dessine les assiettes, puis place un biscuit à la fois dans chacune.

   a) 6 biscuits   3 assiettes

   b) 9 biscuits   3 assiettes

   c) 8 biscuits   2 assiettes

   d) 5 assiettes   10 biscuits

   e) 2 assiettes   6 biscuits

   f) 4 assiettes   12 biscuits

   g) 4 assiettes   8 biscuits

   h) 2 assiettes   12 biscuits

2. Dessine des points pour les éléments qui sont partagés également.
Dessine des cercles pour les ensembles.

a) 3 wagons

9 élèves

Combien y a-t-il d'élèves dans chaque wagon?

_____3_____ élèves dans chaque wagon

b) 15 timbres

3 pages

Combien y a-t-il de timbres dans chaque page?

_____5_____ timbres dans chaque page

c) 4 bateaux

12 élèves

Combien y a-t-il d'élèves dans chaque bateau?

_____3_____ élèves dans chaque bateau

d) 2 boîtes

10 stylos

Combien de stylos y a-t-il dans chaque boîte?

_____5_____ stylos dans chaque boîte

3. Fais un dessin ou crée un modèle pour solutionner le problème.

a) 4 amis partagent 8 billets.
Combien de billets chaque ami a-t-il?

2 billets

b) 12 chaises sont placées en 3 rangées.
Combien de chaises y a-t-il dans chaque rangée?

c) 24 fleurs sont plantées en 6 rangées.
Combien de fleurs y a-t-il dans chaque rangée?

d) Edmond a gagné 20 dollars en travaillant.
Il a travaillé pendant 5 heures.
Combien a-t-il gagné chaque heure?
Indice : Dessine des points pour les dollars et des cercles pour les heures.

e) Kate a gagné 15 dollars en travaillant. Elle a travaillé pendant 3 heures.
Combien a-t-elle gagné chaque heure?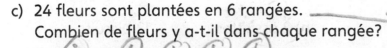

Ivan a 20 pommes. Il veut mettre 5 pommes dans chaque sac.

Pour trouver le nombre de sacs dont il a besoin, il commence par compter 5 pommes.

Il continue de compter des ensembles de 5 pommes jusqu'à ce qu'il ait utilisé les 20 pommes.

Il peut remplir 4 sacs. Lorsque 20 pommes sont divisées en ensembles de 5 pommes, cela donne 4 ensembles.

I. Place le nombre correct de points dans chaque ensemble.

a)

2 points dans chaque ensemble

b)

3 points dans chaque ensemble

c)

2 points dans chaque ensemble

d)

3 points dans chaque ensemble

e)

5 points dans chaque ensemble

f)

3 points dans chaque ensemble

2. Divise la matrice entre le nombre indiqué d'ensembles.

a) ensembles de 2   b) ensembles de 3   c) ensembles de 3   d) ensembles de 4

 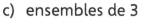 

3. Fais un dessin pour résoudre le problème. Indice : Commence par dessiner un cercle, puis place le nombre approprié de points dans le cercle.

a) 12 points

4 points dans chaque ensemble

Combien y a-t-il d'ensembles? ___3___

b) 15 points

5 points dans chaque ensemble

Combien y a-t-il d'ensembles? ___3___

4. Dessine des points pour les éléments qui sont partagés également.
Dessine des cercles pour les ensembles.

a) 10 élèves

5 élèves dans chaque wagon

Combien y a-t-il de wagons?

___2___ wagons

b) 12 timbres

4 timbres dans chaque page

Combien y a-t-il de pages?

___3___ pages

c) 20 livres

4 livres sur chaque étagère

Combien y a-t-il d'étagères?

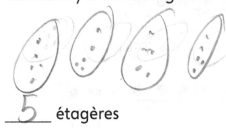

___5___ étagères

d) 15 poissons

5 poissons dans chaque aquarium

Combien y a-t-il d'aquariums?

___3___ aquariums

5. Sam a 10 oranges. Il veut vendre des sacs de 2 oranges. Combien de sacs peut-il vendre?

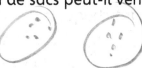

6. Emma a 12 livres. Elle veut mettre 3 livres dans chaque sac. De combien de sacs a-t-elle besoin?

7. Raj a 15 timbres. Il veut mettre 5 timbres sur chaque page de son livre de timbres. De combien de pages a-t-il besoin?

8. Un bateau peut contenir 3 élèves. Il y a 12 élèves. Combien de bateaux seront-ils nécessaires?

Logique numérale 3-49

NS3-50 Les ensembles

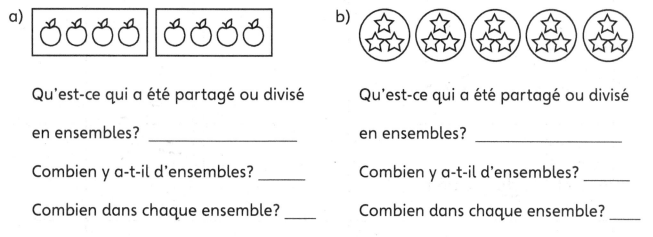

12 élèves vont faire du canot.
Il y a 4 canots.
Un canot peut contenir
3 élèves.

Qu'est-ce qui a été partagé ou divisé en ensembles?   *Élèves.*

Combien d'ensembles y a-t-il?   *Il y a 4 ensembles d'élèves.*

Combien y a-t-il d'éléments dans chaque ensemble?   *Il y a 3 élèves par ensemble.*

1. Remplis les espaces vides.

    a)

    Qu'est-ce qui a été partagé ou divisé

    en ensembles? _____

    Combien y a-t-il d'ensembles? _____

    Combien dans chaque ensemble? ____

    b)

    Qu'est-ce qui a été partagé ou divisé

    en ensembles? _____

    Combien y a-t-il d'ensembles? _____

    Combien dans chaque ensemble? ____

2. Fais un dessin pour montrer la situation. Utilise des cercles pour
    les ensembles et des points pour les éléments.

    a) 3 ensembles   4 éléments par ensemble

    b) 4 ensembles   5 éléments par ensemble

    c) 2 groupes   3 éléments par groupe

    d) 2 groupes   4 éléments par groupe

3. Remplis le tableau.

		Qu'est-ce qui a été partagé ou divisé en ensembles?	Combien y a-t-il d'ensembles?	Combien dans chaque ensemble?
a)	15 élèves 3 élèves dans chaque bateau 5 bateaux	élèves	5	3
b)	5 amis 20 biscuits 4 biscuits pour chaque ami	amis	5	4
c)	18 oranges 6 boîtes 3 oranges dans chaque boîte	oranges	6	3
d)	4 chiens 20 points 5 points sur chaque chien	chiens	4	5
e)	5 timbres sur chaque page 35 timbres 7 pages	timbres	37	5
f)	3 terrains de jeu 12 balançoires 4 balançoires dans chaque terrain de jeu	balançoire	12	3
g)	5 persones dans chaque maison 10 personnes 2 maisons	personnes	10	2
h)	20 chaises 5 rangées 4 chaises dans chaque rangée	chaises	20	4

NS3-51 Deux façons de partager

Iva a 12 biscuits. Il existe deux manières de partager ou de diviser ses biscuits également.

Méthode 1 :
Elle peut décider du nombre d'ensembles.

Exemple : Elle veut faire 3 ensembles. Elle dessine 3 cercles.

Elle met 1 biscuit dans chaque cercle.

Elle continue jusqu'à ce qu'elle ait utilisé les 12 biscuits.

Il y a 4 biscuits par ensemble.

Méthode 2 :
Elle peut décider du nombre d'éléments par ensemble.

Exemple : Elle met 3 biscuits dans chaque ensemble.

Elle compte des ensembles de 3, jusqu'à ce qu'elle ait utilisé les 12 biscuits.

   3   6   9   12

Elle fait 4 ensembles.

---

1. Partage également les 12 points. Combien y a-t-il de points dans chaque ensemble? Place un point à la fois.

   a) 3 ensembles

   Il y a __4__ points par ensemble.

   b) 4 ensembles

   Il y a __3__ points par ensemble.

2. Partage également les 15 points. Combien y a-t-il de points dans chaque ensemble?

   a) 3 ensembles

   Il y a __5__ points par ensemble.

   b) 5 ensembles

   Il y a __3__ points par ensemble.

3. Partage également les triangles entre les ensembles.
   Indice : Compte d'abord les triangles.

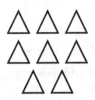

a)

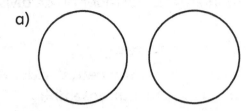

b)

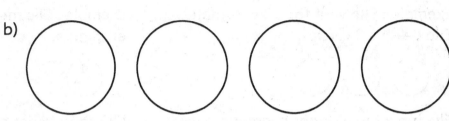

4. Partage également les carrés entre les ensembles.

5. Fais un dessin pour regrouper également les 12 points.

a) 3 points dans chaque ensemble

b) 6 points dans chaque ensemble

6. Donne deux façons de mettre 10 pommes dans des paniers.

a) Mets 5 pommes dans chaque panier.

b) Mets 2 pommes dans chaque panier.

NS3-52 Deux façons de partager : les problèmes écrits

1. Écris ce que tu sais. Écris un point d'interrogation lorsque tu ne le sais pas.

		Qu'est-ce qui a été partagé ou divisé en ensembles?	Combien y a-t-il d'ensembles?	Combien dans chaque ensemble?
a)	Jay a 15 timbres. Il place 5 timbres sur chaque page de son album.	timbres	?	5
b)	20 campeurs vont faire du canot dans 10 canots.	campeurs	10	?
c)	Don a 15 stylos. Il les place dans 3 boîtes.			
d)	4 amis partagent 20 pommes.			
e)	Grace a 10 biscuits. Elle place 5 biscuits dans chaque assiette.			
f)	12 campeurs partent faire de la voile. Il y a 4 campeurs par bateau.			
g)	12 barres fruitées sont partagées entre 3 campeurs.			
h)	8 chaises sont placées en 2 rangées.			
i)	Il y a 10 amis. 2 amis prennent place dans un kart.			
j)	Il y a 20 livres dans une bibliothèque. Chaque étagère comporte 5 livres.			

2. Dessine des points pour montrer la réponse.

a) 10 points   5 ensembles

_____ points dans chaque ensemble

b) 6 points
   3 points dans chaque ensemble

_____ ensembles

c) 15 points
   5 points dans chaque ensemble

_____ ensembles

d) 8 points   4 ensembles

_____ points dans chaque ensemble

e) 6 chaises sur 2 rangées

Combien y a-t-il de chaises

dans chaque rangée? _____

f) Laurent a 8 crayons.
   Il met 2 crayons dans chaque boîte.

Combien de boîtes

utilise-t-il? _____

g) 4 garçons partagent 12 billes.

Combien de billes chaque garçon

reçoit-il? _____

h) Sandy a 9 poires.
   Elle donne 3 poires à chaque amie.

Combien d'amies reçoivent

des poires? _____

i) 15 enfants vont faire de la voile dans
   3 bateaux.

Combien d'enfants y a-t-il

dans chaque bateau? _____

j) Lewis a 16 autocollants.
   Il en met 4 sur une page.

Combien de pages

utilise-t-il?_____

NS3-53 La division et l'addition

L'image montre 12 objets divisés en ensembles de 4. Il y a 3 ensembles.

La **phrase de division** est 12 ÷ 4 = 3.

I. Écris une phrase de division pour l'image.

a)

b)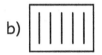

c)

d)

2. La réponse à la phrase de division indique le nombre d'ensembles.
Fais un dessin pour la phrase de division.

a) 15 ÷ 5 = 3

b) 12 ÷ 2 = 6

c) 20 ÷ 4 = 5

d) 16 ÷ 8 = 2

e) 24 ÷ 6 = 4

Tu peux réécrire une phrase de division sous la forme d'une phrase d'addition.

Par exemple, 12 ÷ 3 = 4 parce que 12 divisé en ensembles de 3 égale 4 ensembles.

Alors   3   +   3   +   3   +   3   =   12.

L'addition de quatre fois 3 donne 12.

3. Fais un dessin et écris une phrase d'**addition** pour la phrase de **division**.

a) 6 ÷ 2 = 3

_2 + 2 + 2 = 6_

b) 8 ÷ 4 = 2

_____

c) 15 ÷ 5 = 3

d) 9 ÷ 3 = 3

_____   _____

4. Fais un dessin et écris une phrase de **division** pour la phrase d'**addition**.

a) 4 + 4 + 4 = 12

_12 ÷ 4 = 3_

b) 3 + 3 + 3 + 3 + 3 = 15

_____

c) 6 + 6 + 6 = 18

d) 2 + 2 + 2 + 2 + 2 = 10

_____   _____

NS3-54 Diviser en comptant par bonds

Tu peux diviser en comptant par bonds sur une droite numérique.

Par exemple : Que font $12 \div 3$?

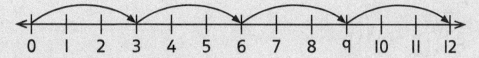

Il faut 4 bonds de 3 pour atteindre 12. $3 + 3 + 3 + 3 = 12$ alors $12 \div 3 = 4$

1. Utilise la droite numérique pour compléter la phrase de division.

a)
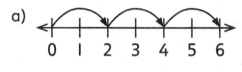

$6 \div 2 = \underline{\quad 3 \quad}$

b)
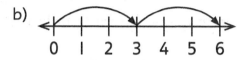

$6 \div 3 = \underline{\qquad}$

2. Utilise la droite numérique pour diviser.

a)
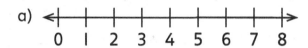

$8 \div 4 = \underline{\qquad}$

b)
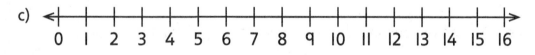

$4 \div 4 = \underline{\qquad}$

c)

$16 \div 4 = \underline{\qquad}$

3. À quelle phrase de division l'image correspond-elle?

a)
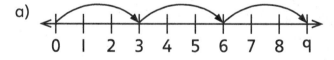

_____

b)
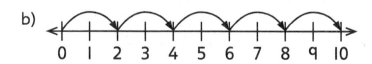

_____

c)

_____

Tu peux aussi diviser en comptant par bonds sur tes doigts.

Par exemple, pour obtenir **6 ÷ 2**, compte par bonds de 2 jusqu'à ce que tu arrives à 6.

Le nombre de doigts levés lorsque tu t'arrêtes correspond à la réponse.
Alors 6 ÷ 2 = 3.

4. Trouve la réponse en comptant par bonds sur tes doigts.

a) 10 ÷ 2 = _____   b) 8 ÷ 2 = _____   c) 4 ÷ 2 = _____   d) 9 ÷ 3 = _____

e) 10 ÷ 5 = _____   f) 15 ÷ 5 = _____   g) 25 ÷ 5 = _____   h) 20 ÷ 5 = _____

i) 12 ÷ 3 = _____   j) 6 ÷ 3 = _____   k) 12 ÷ 2 = _____   l) 5 ÷ 5 = _____

m) 2 ÷ 2 = _____   n) 30 ÷ 5 = _____   o) 15 ÷ 3 = _____   p) 20 ÷ 4 = _____

q) 16 ÷ 2 = _____   r) 3 ÷ 3 = _____   s) 20 ÷ 2 = _____   t) 12 ÷ 4 = _____

5. Écris les nombres sur les mains. Ensuite divise en comptant par bonds.

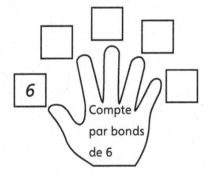

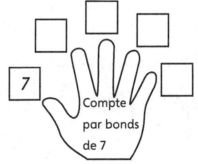

a) 18 ÷ 6 = _____   b) 24 ÷ 6 = _____   c) 12 ÷ 6 = _____

d) 21 ÷ 7 = _____   e) 35 ÷ 7 = _____   f) 28 ÷ 7 = _____

g) 30 ÷ 6 = _____   h) 6 ÷ 6 = _____   i) 7 ÷ 7 = _____

6. Trouve la réponse en comptant par bonds.

a) Trois amis partagent 12 autocollants.   b) Vingt-quatre élèves sont assis à 6 tables.
   Combien d'autocollants chaque ami a-t-il?   Combien d'élèves sont assis à chaque table?

NS3-55 Les deux sens de la division

David achète 12 poissons dans une animalerie. Il a 4 aquariums.
Combien de poissons David met-il dans chaque aquarium?
David compte par bonds de 4 pour trouver la réponse :

4 « Je pourrais mettre un poisson dans chaque aquarium. » (4 sont placés)

8 4 « Je pourrais mettre un poisson de plus dans chaque aquarium. » (8 sont placés)

8 12 4 « Je pourrais mettre un poisson de plus dans chaque aquarium. » (12 sont placés)

Il a levé 3 doigts, donc il sait que **12 ÷ 4 = 3**. Il met 3 poissons dans chaque aquarium.

1. Compte les lignes, puis divise-les en deux groupes égaux.
   Indice : Compte par bonds de 2 pour savoir combien en mettre dans chaque groupe.

   a) (| |)(| |)

   _____ lignes en tout

   _____ dans chaque groupe

   b) | | | | | | | | | |

   _____ lignes en tout

   _____ dans chaque groupe

   c) | | | | | | | | | | | |

   _____ lignes en tout

   _____ dans chaque groupe

   d) | | | | | | | |

   _____ lignes en tout

   _____ dans chaque groupe

2. Compte les objets, puis divise-les en groupes égaux.
   Indice : Compte par bonds correspondant au nombre de groupes pour savoir combien en mettre dans chaque groupe.

   a) 3 groupes égaux

   b) 5 groupes égaux

   c) 2 groupes égaux

   d) 4 groupes égaux

Voici deux manières de décrire l'image ci-dessous.

Lorsque 15 éléments sont divisés en 5 ensembles, il y a 3 éléments par ensemble : 15 ÷ 5 = 3.

Lorsque 15 éléments sont divisés en ensembles de 3 éléments, cela donne 5 ensembles : 15 ÷ 3 = 5.

3. Remplis les espaces vides, puis écris deux phrases de division.

a) |||||| ||||||

____ lignes, ____ ensembles

_____ lignes par ensemble

_____ ÷ _____ = _____

_____ ÷ _____ = _____

b) ||| ||| |||

____ lignes, ____ ensembles

_____ lignes par ensemble

_____ ÷ _____ = _____

_____ ÷ _____ = _____

c) || || || || ||

____ lignes, ____ ensembles

_____ lignes par ensemble

_____ ÷ _____ = _____

_____ ÷ _____ = _____

4. Remplis les espaces vides, puis écris deux phrases de division.

a)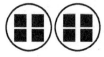

____ carrés, ____ ensembles

_____ carrés par ensemble

_____

_____

b)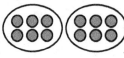

____ points, ____ ensembles

____ points par ensemble

_____

_____

c)

____ étoiles, ____ ensembles

_____ étoiles par ensemble

_____

_____

5. Solutionne le problème en faisant un dessin. Puis écris une phrase de division pour ta réponse.

a) 9 triangles, 3 ensembles
Combien y a-t-il de triangles par ensemble?

b) 12 carrés, 4 carrés par ensemble
Combien y a-t-il d'ensembles?

c) 30 personnes, 5 fourgonnettes
Combien y a-t-il de personnes
par fourgonnette?

d) 20 campeurs, 4 dans chaque tente
Combien y a-t-il de campeurs
par tente?

NS3-56 La division et la multiplication

Rappelle-toi : 10 ÷ 2 = 5 nous indique que 10 ÷ 5 = 2, et 5 × 2 = 10 nous indique que 2 × 5 = 10. Tu peux réécrire une phrase de **division** sous la forme d'une phrase de **multiplication**.

Exemple : 10 divisé en ensembles de 2 donne 5 ensembles ou **10 ÷ 2 = 5**.

Tu peux réécrire cette phrase comme ceci : 5 ensembles de 2 égalent 10 ou **5 × 2 = 10**.

1. Écris deux phrases de multiplication et deux phrases de division pour l'image.

   a)

   _____

   _____

   _____

   _____

   b)

   _____

   _____

   _____

   _____

   c)

   _____

   _____

   _____

   d)

   _____

   _____

   _____

   _____

2. Remplis les espaces vides.

a) [diagram: 3 boxes, each with 2 lines]

_____ lignes en tout

_____ lignes dans chaque ensemble

_____ ensembles

b) [diagram: 4 boxes, each with 4 lines]

_____ lignes en tout

_____ ensembles

_____ lignes dans chaque ensemble

c) [diagram: 3 boxes, each with 4 lines]

_____ lignes dans chaque groupe

_____ groupes

_____ lignes

d) [diagram: 6 boxes, each with 2 lines]

_____ lignes dans chaque groupe

_____ lignes

_____ groupes

3. Fais un dessin pour illustrer la situation.

a) 12 lignes en tout, 3 lignes par ensemble, 4 ensembles

b) 8 lignes, 4 lignes par ensemble, 2 ensembles

c) 5 ensembles, 3 lignes par ensemble, 15 lignes en tout

d) 12 lignes, 2 ensembles, 6 lignes par ensemble

e) 10 lignes, 5 lignes par ensemble, 2 ensembles

4. Fais un dessin pour illustrer la situation. Ensuite écris deux phrases de division et deux phrases de multiplication.

a) 20 lignes, 5 ensembles, 4 lignes par ensemble

b) 15 lignes, 5 lignes par ensemble, 3 ensembles

5. Fais un dessin pour trouver l'information manquante.

a) 5 lignes par ensemble

_____ ensembles

15 lignes en tout

b) 18 lignes

_____ lignes par ensemble

3 ensembles

c) _____ lignes en tout

3 groupes

4 lignes par groupe

1. Multiplie ou divise pour trouver l'information qui manque (?).

	Nombre total d'éléments	Nombre d'ensembles	Nombre par ensemble	Phrase de multiplication ou de division
a)	?	8	2	$8 \times 2 = 16$
b)	27	3	?	$27 \div 3 = 9$
c)	20	?	5	
d)	10	2	?	
e)	?	4	8	
f)	21	7	?	
g)	32	8	?	
h)	45	?	9	
i)	64	8	?	
j)	81	9	?	
k)	72	?	8	
l)	16	4	?	
m)	28	?	7	
n)	42	6	?	
o)	?	8	9	

2. Écris une phrase de multiplication ou de division pour résoudre le problème.

a) 15 éléments en tout

5 éléments par ensemble

_____

Combien d'ensembles?

_____

b) 5 ensembles

4 éléments par ensemble

_____

Combien en tout?

_____

c) 24 éléments en tout

6 ensembles

_____

Combien d'éléments dans chaque ensemble?

_____

d) 4 groupes

7 éléments par groupe

_____

Combien en tout?

_____

e) 2 éléments par ensemble

12 éléments en tout

_____

Combien d'ensembles?

_____

f) 5 groupes

45 éléments en tout

_____

Combien d'éléments dans chaque groupe?

_____

g) 5 éléments par ensemble

4 ensembles

_____

Combien en tout?

_____

h) 8 éléments par ensemble

3 ensembles

_____

Combien en tout?

_____

i) 16 éléments en tout

8 ensembles

_____

Combien d'éléments dans chaque ensemble?

_____

j) 3 éléments par ensemble

6 ensembles

_____

Combien en tout?

_____

k) 12 éléments en tout

4 ensembles

_____

Combien d'éléments dans chaque ensemble?

_____

l) 20 éléments en tout

4 ensembles

_____

Combien d'éléments dans chaque ensemble?

_____

3. Crée ton propre problème avec des éléments dans des ensembles.
Fais un dessin pour le résoudre.

Logique numérale 3-57

I. Remplis le tableau. Écris un point d'interrogation lorsque tu ne le sais pas.

		Nombre total d'éléments	Nombre d'ensembles	Nombre par ensemble	Phrase de multiplication ou de division
a)	20 personnes 4 fourgonnettes	20	4	?	$20 \div 4 = ?$
b)	3 billes dans chaque pot 6 pots	?	6	3	$6 \times 3 = ?$
c)	15 fleurs 5 vases				
d)	4 chaises par table 2 tables				
e)	20 fleurs 4 dans chaque rangée				
f)	6 chaises par rangée 2 rangées				
g)	18 maisons 9 maisons par bloc				
h)	15 chaises 3 rangées				
i)	6 tentes 3 campeurs par tente				
j)	9 boîtes 3 coquillages par boîte				
k)	6 pattes par insecte 42 pattes				

2. Trouve le nombre qui manque dans chaque partie de la question I.

La famille factuelle de la multiplication **3 × 5 = 15** est :

$3 \times 5 = 15$ $5 \times 3 = 15$ $15 \div 3 = 5$ $15 \div 5 = 3$

3. Complète la famille factuelle de la phrase de multiplication ou de division indiquée.

a) $4 \times 2 = 8$

_____

_____

_____

b) $5 \times 6 = 30$

_____

_____

_____

c) $10 \div 2 = 5$

_____

_____

_____

d) $12 \div 4 = 3$

_____

_____

_____

e) $9 \times 3 = 27$

_____

_____

_____

f) $6 \times 8 = 48$

_____

_____

_____

4. Armand plante 24 arbres en 3 rangées. Combien d'arbres y a-t-il dans chaque rangée?

5. Alex plante 4 rangées d'arbres comportant chacune 7 arbres. Combien d'arbres a-t-il plantés?

6. Un canot peut contenir 3 personnes.

a) De combien de canots a-t-on besoin pour 21 personnes?

b) Combien de personnes peuvent embarquer dans 5 canots?

7. Tu as besoin de 3 billets pour aller dans les montagnes russes au parc d'attractions.

a) Mandy, Tom et Jane veulent faire un tour de montagnes russes. De combien de billets auront-ils besoin en tout?

b) De combien de billets aurait-on besoin pour 8 personnes?

BONUS ▶ Kim a 17 billets. Si elle paie son propre tour et celui de 4 de ses amis, combien de billets lui restera-t-il?

1. Quelle est la famille factuelle de 2 × 3 = 6?

2. Trouve le nombre mystère.

a) Je suis un multiple de 2.
Je suis plus grand que 10, mais plus petit que 13.

b) Je suis un multiple de 3.
Je suis entre 13 et 20.
Je suis un nombre pair.

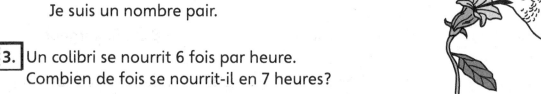

3. Un colibri se nourrit 6 fois par heure.
Combien de fois se nourrit-il en 7 heures?

4. Les pommiers d'un verger sont plantés en 7 rangées.
Chaque rangée contient 4 arbres.

a) Combien d'arbres y a-t-il dans le verger?

b) Comment as-tu trouvé la réponse? Calcul mental?
En comptant par bonds? Un dessin?

5. 6 est deux fois plus que (ou le double de) 3.
Est-ce que 6 × 5 est deux fois plus que 3 × 5?
Utilise une matrice pour trouver la réponse.

6. Remplis les espaces vides. Écris ensuite deux phrases de division
et une phrase de multiplication en utilisant les cases.

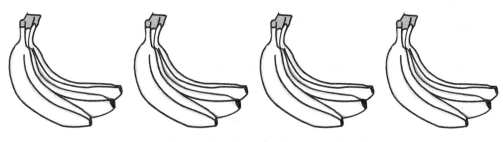

_____ bananes

_____ bananes dans chaque grappe

_____ grappes

$\boxed{} \div \boxed{} = \boxed{}$ $\boxed{} \div \boxed{} = \boxed{}$ $\boxed{} \times \boxed{} = \boxed{}$

7. Une étagère a 40 cm de longueur. Combien d'animaux en peluche de chaque type pourrais-tu y mettre d'un bout à l'autre?

a)

5 cm de largeur

b)

4 cm de largeur

c)

8 cm de largeur

8. L'image A montre que 5 ensembles de 4 égalent 3 ensembles de 4 plus 2 ensembles de 4.

A. |

Que montre l'image B?

B. |

9. Remplis les espaces vides au moyen des chiffres 2, 3 ou 4 pour rendre la phrase numérique vraie.

a) _____ × _____ + _____ = 11   b) _____ ÷ _____ + _____ = 5

10. Clara a divisé un nombre par un autre et a obtenu 3 comme réponse. Quels pouvaient être ces nombres?

11. Écris un problème pour la phrase numérique. Fais un dessin avec des compteurs pour illustrer la réponse.

a) 5 × 4 = 20   b) 12 ÷ 3 = 4

BONUS ▶ Le nid d'un aigle peut contenir au moins 3 œufs, mais au plus 5 œufs.

a) Quel est le nombre **minimum** d'œufs que peuvent contenir 3 nids?

b) Quel est le nombre **maximum** d'œufs que peuvent contenir 3 nids?

NS3-60 Les rangées et les colonnes

RAPPEL ▶ Une matrice comporte des rangées et des colonnes d'objets, notamment des carrés ou des points.

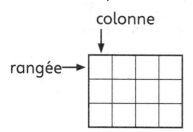

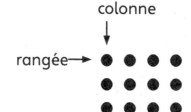

1. Numérote les rangées et les colonnes. Écris le nombre total de petits carrés dans la matrice.

a)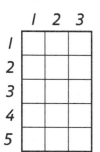

<u> 5 </u> rangées

<u> 3 </u> colonnes

total <u> 5 × 3 = 15 </u>

ou <u> 3 × 5 = 15 </u>

b)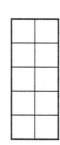

_____ rangées

_____ colonnes

total _____

ou _____

c)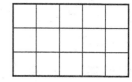

_____ rangées

_____ colonnes

total _____

ou _____

2. Compte les rangées et les colonnes. Écris le nombre total de points dans la matrice.

a)

<u> 4 </u> rangées

<u> 3 </u> colonnes

total <u> 4 × 3 = 12 </u>

ou <u> 3 × 4 = 12 </u>

b)

_____ rangées

_____ colonnes

total _____

ou _____

c)

_____ rangées

_____ colonnes

total _____

ou _____

Logique numérale 3-60

25

3. Écris une phrase de multiplication pour le nombre total de points.
Puis écris une autre phrase de multiplication et deux phrases
de division pour la matrice.

a)  ● ● ● ● ●
   ● ● ● ● ●
   ● ● ● ● ●

    __3__ rangées   __5__ colonnes

  total __$3 \times 5 = 15$__

      __$5 \times 3 = 15$__

      __$15 \div 5 = 3$__

      __$15 \div 3 = 5$__

b)  ● ● ● ● ● ●
   ● ● ● ● ● ●

   _____ rangées   _____ colonnes

  total _____

    _____

    _____

    _____

4. Le tableau indique le nombre de rangées et de colonnes dans les matrices.
Écris deux phrases de multiplication et deux phrases de division
pour chaque matrice.

	Rangées	Colonnes	Total	Phrases	
a)	5	2	10	$5 \times 2 = 10$ $2 \times 5 = 10$	$10 \div 5 = 2$ $10 \div 2 = 5$
b)	6	4	24		
c)	3	7	21		
d)	7	8	56		
e)	8	6	48		
f)	10	9	90		

5. Le point d'interrogation (?) est le nombre que nous ne connaissons pas.
Écris une phrase pour donner cet inconnu.

	Rangées	Colonnes	Total	Phrases
a)	3	5	?	$? = 3 \times 5$
b)	?	6	18	$? = 18 \div 6$
c)	?	2	16	
d)	4	?	36	
e)	7	8	?	
f)	9	?	45	

6. Ken plante 8 rangées d'arbres. Chaque rangée comporte 3 arbres.
Combien d'arbres a-t-il plantés? Dessine une matrice de points
pour montrer ta réponse.

7. Randi place 35 chaises en rangées, avec 5 chaises par rangée.
Combien de rangées a-t-elle faites?

8. Avril plante 12 fleurs en 3 rangées. Combien de fleurs y a-t-il dans
chaque rangée?

9. Mona fait 9 rangées de perles contenant chacune 7 perles.
Combien de perles y a-t-il dans la matrice?

BONUS ▶ John fait une matrice avec des pièces de 10 cents.
Il fait 2 rangées contenant chacune 4 pièces.

    a) Combien de pièces de 10 cents John utilise-t-il?

    b) Si John avait 14 pièces de 10 cents sur 2 rangées,
       combien de pièces chaque rangée compterait-elle?

BONUS ▶ Marko plante 6 rangées d'arbres avec 4 arbres par rangée.
Tom plante 7 rangées d'arbres avec 3 arbres par rangée.
Combien d'arbres de plus Marko a-t-il plantés?

BONUS ▶ Wendy place 36 autocollants en rangées de 6 autocollants par rangée.
Raj place 49 autocollants en rangées de 7 autocollants par rangée.
Qui a le plus de rangées?

NS3-61 Les problèmes écrits de multiplication et de division

1. Écris deux phrases de multiplication et deux phrases de division pour l'image.

a)

___2___ groupes

___3___ par groupe

___6___ en tout

___2 × 3 = 6___

___3 × 2 = 6___

___6 ÷ 2 = 3___

___6 ÷ 3 = 2___

b)

_____ groupes

_____ par groupe

_____ en tout

_____

_____

_____

_____

c)

_____ groupes

_____ par groupe

_____ en tout

_____

_____

_____

_____

2. Écris deux phrases de multiplication et deux phrases de division pour chacune des rangées du tableau.

	Nombre de groupes	Nombre par groupe	Total	Phrases	
a)	3	7	21	3 × 7 = 21 21 ÷ 3 = 7	7 × 3 = 21 21 ÷ 7 = 3
b)	9	5	45		
c)	7	6	42		
d)	8	4	32		

3. Écris un point d'interrogation (?) pour le nombre que tu ne connais pas. Puis écris une phrase pour donner cet inconnu.

	Problème	Nombre de groupes	Nombre par groupe	Total	Phrase
a)	3 poires par panier 12 poires Combien y a-t-il de paniers?	?	3	12	? = 12 ÷ 3
b)	4 jouets par boîte 6 boîtes Combien y a-t-il de jouets?				
c)	5 oiseaux sur chaque branche 35 oiseaux Combien y a-t-il de branches?				
d)	3 enfants dans chaque bateau 12 enfants en tout Combien y a t-il de bateaux?				
e)	3 tentes 15 enfants Combien y a-t-il d'enfants dans chaque tente?				
f)	5 rangées d'arbres 40 arbres Combien y en a-t-il dans chaque rangée?				
g)	30 bananes 6 bananes par sac Combien y a-t-il de sacs?				
h)	9 pièces dans chaque poche 4 poches Combien y a-t-il de pièces en tout?				

4. Il y a 2 hamsters dans chaque salle de classe. Combien de hamsters y a-t-il dans 8 salles de classe?

5. Clara a acheté 24 timbres. Chaque paquet contient 8 timbres. Combien de paquets a-t-elle achetés?

6. Ronin a placé 32 barres de céréales dans 8 boîtes. Il en a mis le même nombre dans chaque boîte. Combien de barres y a-t-il dans chaque boîte?

7. Zack a acheté 8 paquets de stylos. Chaque paquet contient 5 stylos. Yu a acheté 9 paquets de stylos. Chaque paquet contient 4 stylos.

a) Combien de stylos Zack a-t-il achetés?

b) Combien de stylos Yu a-t-elle achetés?

c) Qui a acheté le plus grand nombre de stylos?

8. Ansel a planté 24 fleurs à raison de 3 fleurs par rangée. Marco a planté 42 fleurs à raison de 6 fleurs par rangée. Qui a le plus de rangées?

9. Rani a planté 18 arbres en 3 rangées. Nina a planté 24 arbres en 6 rangées. Combien d'arbres de plus y a-t-il dans les rangées de Rani par rapport aux rangées de Nina?

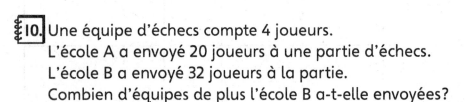

10. Une équipe d'échecs compte 4 joueurs. L'école A a envoyé 20 joueurs à une partie d'échecs. L'école B a envoyé 32 joueurs à la partie. Combien d'équipes de plus l'école B a-t-elle envoyées?

11. Une équipe de basketball compte 5 joueurs. L'école A a envoyé 7 équipes à une partie de basketball. L'école B a envoyé 8 équipes à la partie. Combien de joueurs les écoles A et B ont-elles envoyés en tout?

BONUS ▶ Un tour de manège au parc d'attractions coûte 8 billets. Chaque voiture du manège peut accueillir 3 enfants. 12 enfants veulent faire un tour de manège.

a) Combien de voitures du manège les enfants utiliseront-ils?

b) De combien de billets tous les enfants auront-ils besoin?

PA3-I3 Les régularités géométriques

Ronin fait une régularité croissante au moyen de carrés. Il crée un tableau en T pour faire le suivi du nombre de carrés.

Numéro de la figure	Nombre de carrés
1	3
2	5
3	7

+2
+2
Ajoute 2 carrés chaque fois

Figure 1   Figure 2   Figure 3

Le nombre de carrés dans les dessins constitue une régularité numérique croissante : 3, 5, 7.

La règle pour la régularité numérique est « commence à 3 et additionne 2 chaque fois ».

I. a) Remplis le tableau en T pour le nombre de carrés dans chaque figure de la régularité géométrique. Prolonge la régularité numérique.

Régularité A

Figure 1   Figure 2   Figure 3

Numéro de la figure	Nombre de carrés	
1	4	
2		
3		
4		
5		

Régularité B

Figure 1   Figure 2   Figure 3

Numéro de la figure	Nombre de carrés	
1		
2		
3		
4		
5		

b) Écris la régularité numérique et la règle pour la régularité numérique.

A : Régularité numérique : _____

Règle : _____

_____

B : Régularité numérique : _____

Règle : _____

_____

c) Ronin a 14 carrés. Peut-il faire la figure 5 dans chaque régularité?

A : _____

B : _____

2. a) Remplis le tableau en T pour le nombre de carrés dans chaque figure de la régularité géométrique décroissante.

Régularité A

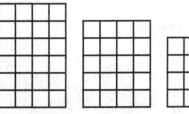

Figure 1   Figure 2   Figure 3

Numéro de la figure	Nombre de carrés	
1		
2		
3		

Régularité B

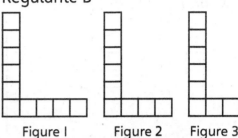

Figure 1   Figure 2   Figure 3

Numéro de la figure	Nombre de carrés	
1		
2		
3		

b) Écris la régularité numérique et la règle pour la régularité numérique.

A : Régularité numérique : _____

Règle : _____

_____

B : Régularité numérique : _____

Règle : _____

_____

c) Combien y aura-t-il de carrés dans les prochaines figures de la régularité?

A : Figure 4 : _____ carrés

Figure 5 : _____ carrés

Figure 6 : _____ carrés

B : Figure 4 : _____ carrés

Figure 5 : _____ carrés

Figure 6 : _____ carrés

3. Quel nombre additionnes-tu ou soustrais-tu chaque fois? Écris la règle pour la régularité numérique.

a) 10 , 8 , 6 , 4 , 2

Commence à _____

_____

b) 2 , 5 , 8 , 11 , 14

Commence à _____

_____

4. Écris la règle pour la régularité numérique. Sur une feuille quadrillée, dessine une régularité de carrés qui correspond à la régularité numérique. Vérifie en écrivant une règle pour la régularité de carrés.

a) 3, 5, 7, 9, 11

b) 16, 13, 10, 7, 4

c) 1, 5, 9, 13, 17

Les régularités et l'algèbre 3-13

5. Combien de formes y a-t-il dans la figure 6? Comment le sais-tu?

a) Figure 1

Figure 2

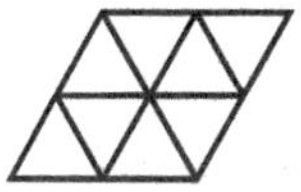

Figure 3

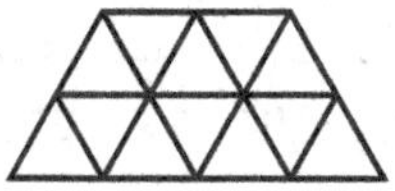

b) Figure 1

Figure 2

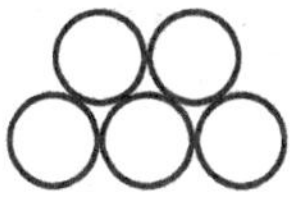

Figure 3

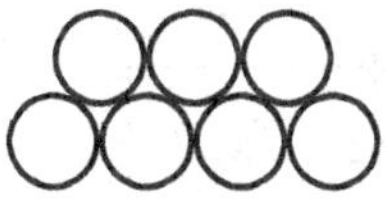

c) Figure 1

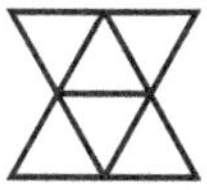

Figure 2

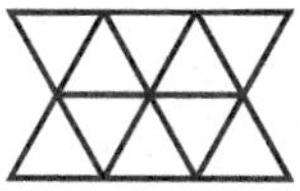

Figure 3

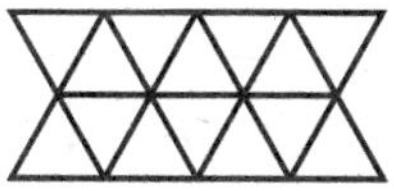

6. Ella fait une régularité de longs rectangles au moyen de cure-dents.

Étape 1    Étape 2    Étape 3

a) Fais un tableau en T pour le nombre de cure-dents dont Ella a besoin à chaque étape.

b) Ella a 20 cure-dents. Quelle est la longueur du plus long rectangle qu'Ella peut faire?

7. Jack fait une régularité de rectangles au moyen de cure-dents.

Étape 1 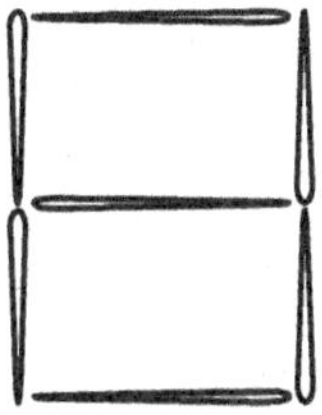   Étape 2   Étape 3

a) Fais un tableau en T pour le nombre de cure-dents dont Jack a besoin à chaque étape.

b) Jack a 30 cure-dents. Quelle est la longueur du plus long rectangle que Jack peut faire?

BONUS ▶ Fais un tableau en T pour les périmètres des rectangles de Jack. Quel est le périmètre du plus long rectangle que Jack peut faire au moyen de 30 cure-dents?

8. Dessine une régularité géométrique croissante ou décroissante sur une feuille quadrillée. Écris la régularité numérique et la règle pour la régularité numérique.

BONUS ▶ Décris ta régularité. Combien de carrés ajoutes-tu ou retires-tu? Comment sais-tu à quel endroit tu dois faire cela?

PA3-14 Les régularités des droites numériques

I. Écris la régularité numérique illustrée dans l'image.

a)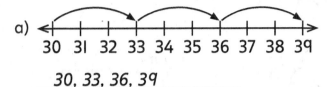

30 31 32 33 34 35 36 37 38 39

_30, 33, 36, 39_

b)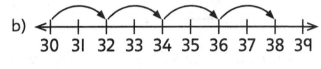

30 31 32 33 34 35 36 37 38 39

_____

c)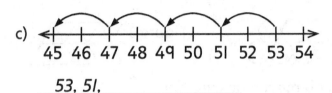

45 46 47 48 49 50 51 52 53 54

_53, 51,_

d)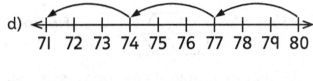

71 72 73 74 75 76 77 78 79 80

_____

2. Dessine un point au début de la régularité numérique. Écris une règle pour la régularité numérique.

a)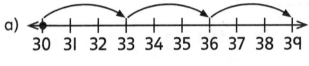

30 31 32 33 34 35 36 37 38 39

Commence à 30.

Additionne 3 chaque fois.

b)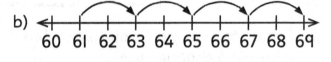

60 61 62 63 64 65 66 67 68 69

_____

_____

c)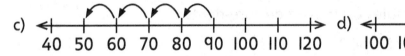

40 50 60 70 80 90 100 110 120

_____

_____

d)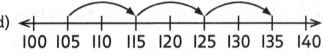

100 105 110 115 120 125 130 135 140

_____

_____

e)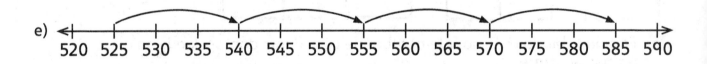

520 525 530 535 540 545 550 555 560 565 570 575 580 585 590

_____

f)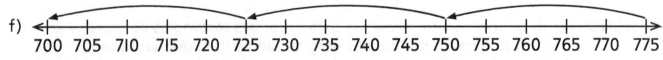

700 705 710 715 720 725 730 735 740 745 750 755 760 765 770 775

_____

BONUS ▶

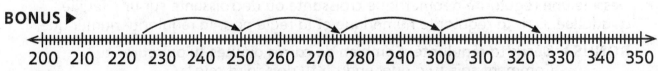

200 210 220 230 240 250 260 270 280 290 300 310 320 330 340 350

_____

3. Dessine des points et des flèches pour illustrer la régularité de la droite numérique.

a) 30, 32, 34, 36

b) 42, 45, 48, 51

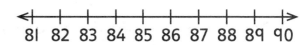

c) 72, 69, 66, 63

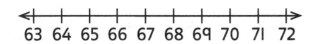

d) 89, 87, 85, 83, 81

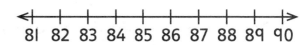

4. Écris les 4 premiers nombres de la régularité numérique. Illustre la régularité sur la droite numérique.

a) Commence à 31. Additionne 2 chaque fois.

_____

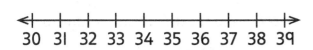

b) Commence à 90. Soustrais 3 chaque fois.

_____

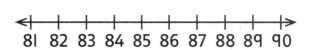

c) Commence à 105. Additionne 5 chaque fois.

_____

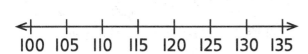

d) Commence à 325. Soustrais 5 chaque fois.

_____

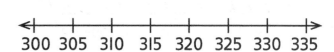

e) Commence à 100. Soustrais 4 chaque fois. _____

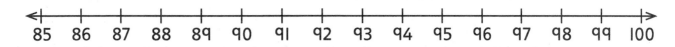

f) Commence à 99. Soustrais 5 chaque fois. _____

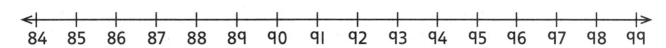

g) Commence à 73. Soustrais 5 chaque fois. _____

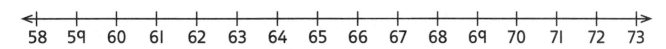

BONUS ▶ Nora écrit de nombreux autres nombres dans la régularité de la partie g) et obtient le nombre 38. A-t-elle raison? _____

5. a) Dessine une régularité croissante sur la droite numérique. Écris une règle pour la régularité numérique.

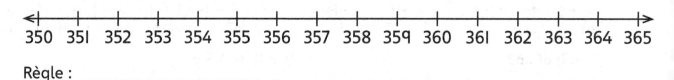

Règle : _____

b) Dessine une régularité décroissante sur la droite numérique. Écris une règle pour la régularité numérique.

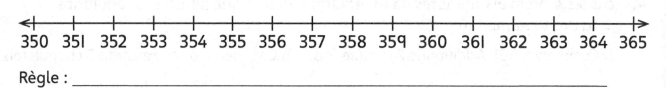

Règle : _____

6. a) Écris une régularité numérique pour le nombre de blocs dans chaque figure.

Régularité A   Régularité B

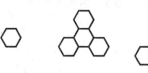

Figure 1   Figure 2   Figure 3   Figure 1   Figure 2   Figure 3

Régularité numérique : _____   Régularité numérique : _____

b) Illustre la régularité sur la droite numérique.

A :

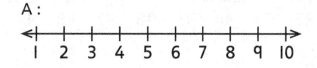

B :

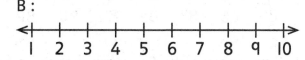

7. Montre la régularité pour le nombre de blocs de chaque figure sur la droite numérique. Utilise la droite numérique pour trouver combien de blocs il y a dans la figure 5.

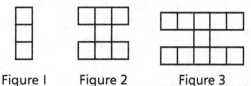

Figure 1   Figure 2   Figure 3

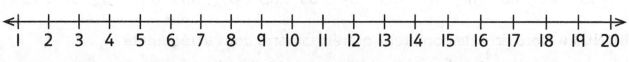

La figure 5 comptera _____ blocs.

Les régularités et l'algèbre 3-14

Les régularités dans les tableaux

1. a) Décris la régularité numérique sur la rangée coloriée.

   Commence à _____, additionne _____ chaque fois.

   b) Décris la régularité numérique dans la colonne coloriée.

   _____

   _____

   c) Colorie une rangée dans le tableau des centaines.

   d) Décris la régularité numérique sur la rangée que tu as coloriée.

   _____

   _____

1	2	3	4	5	6	7	8	9	10
11	12	13	14	15	16	17	18	19	20
21	22	23	24	25	26	27	28	29	30
31	32	33	34	35	36	37	38	39	40
41	42	43	44	45	46	47	48	49	50
51	52	53	54	55	56	57	58	59	60
61	62	63	64	65	66	67	68	69	70
71	72	73	74	75	76	77	78	79	80
81	82	83	84	85	86	87	88	89	90
91	92	93	94	95	96	97	98	99	100

2. David colorie deux régularités diagonales de carrés dans un tableau de centaines.

   a) Décris la régularité dans les carrés à couleur pâle. ▢

   _____

   _____

   b) Décris la régularité dans les carrés à couleur foncée. ▮

   _____

   _____

   c) Écris neuf multiples de 9. Commence à 9 et additionne 9 chaque fois.

   _____

   d) Encercle les multiples de 9 dans le tableau des centaines.

   e) Les multiples de 9 se trouvent-ils sur une rangée, dans une colonne

   ou sur une diagonale? _____

1	2	3	4	5	6	7	8	9	10
11	12	13	14	15	16	17	18	19	20
21	22	23	24	25	26	27	28	29	30
31	32	33	34	35	36	37	38	39	40
41	42	43	44	45	46	47	48	49	50
51	52	53	54	55	56	57	58	59	60
61	62	63	64	65	66	67	68	69	70
71	72	73	74	75	76	77	78	79	80
81	82	83	84	85	86	87	88	89	90
91	92	93	94	95	96	97	98	99	100

Pour compter par bonds de 5 à partir de 4, commence à 4, puis additionne 5 chaque fois.

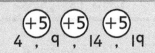

Pour compter à reculons par bonds de 5 à partir de 36, commence à 36, puis soustrais 5 chaque fois.

3. a) Compte par bonds de 5 à partir de 4. Encercle les nombres dans le tableau des centaines.

   b) Décris la position des nombres que tu as encerclés.

   _____

   _____

   c) Écris les chiffres des unités des nombres que tu as encerclés.

   _____

   d) Décris la régularité des chiffres des unités.

   _____

1	2	3	4	5	6	7	8	9	10
11	12	13	14	15	16	17	18	19	20
21	22	23	24	25	26	27	28	29	30
31	32	33	34	35	36	37	38	39	40
41	42	43	44	45	46	47	48	49	50
51	52	53	54	55	56	57	58	59	60
61	62	63	64	65	66	67	68	69	70
71	72	73	74	75	76	77	78	79	80
81	82	83	84	85	86	87	88	89	90
91	92	93	94	95	96	97	98	99	100

   e) Karen compte à reculons par bonds de 5 à partir de 94.

   Va-t-elle dire 39? _____ Va-t-elle dire 28? _____

4. a) Compte par bonds de 5 à partir de 2. Écris 6 nombres. _____

   b) Écris les chiffres des unités des nombres que tu as écrits à la partie a). _____

   c) Décris la régularité des chiffres des unités. _____

   d) Décris la régularité des chiffres des dizaines. _____

   e) Utilise les régularités des chiffres des unités et des dizaines pour écrire 4 nombres de plus dans la régularité. _____

   f) Dans le tableau des centaines, où se trouvent les nombres dans la régularité?

   _____

   g) Colorie les nombres dans le tableau des centaines de la question 3 pour vérifier ta réponse de la partie f).

Les régularités et l'algèbre 3-15

5. a) Compte à reculons par bonds de 5 à partir de 93. Écris 6 nombres.

_____

b) Prédis : Si tu continues à compter par bonds, est-ce que tu vas dire 39? _____

Vas-tu dire 28?_____ Comment le sais-tu? _____

_____

6. a) Écris quatre multiples de 7.

$1 \times 7 =$ _____

$2 \times 7 =$ _____

$3 \times 7 =$ _____

$4 \times 7 =$ _____

Novembre

dim	lun	mar	mer	jeu	ven	sam
				1	2	3
4	5	6	7	8	9	10
11	12	13	14	15	16	17
18	19	20	21	22	23	24
25	26	27	28	29	30	

b) Encercle les multiples de 7 sur le calendrier.

c) Décris la position des multiples de 7 sur le calendrier.

_____

d) Colorie une rangée du calendrier. Décris la régularité sur cette rangée.

_____

e) Au moyen d'une couleur différente, colorie une colonne sur le calendrier.
Décris la régularité sur cette colonne.

_____

7. a) Écris cinq multiples de 6.

$1 \times 6 =$ _____

$2 \times 6 =$ _____

$3 \times 6 =$ _____

$4 \times 6 =$ _____

$5 \times 6 =$ _____

Juillet

dim	lun	mar	mer	jeu	ven	sam
						1
2	3	4	5	6	7	8
9	10	11	12	13	14	15
16	17	18	19	20	21	22
23	24	25	26	27	28	29
30	31					

b) Encercle les multiples de 6 sur le calendrier.

c) Décris la position des multiples de 7 sur le calendrier.

PA3-16 Égal et non égal

1. Écris le nombre de balles qui se trouvent sur chaque table. Écris = lorsque les tables comptent le même nombre de balles. Écris ≠ lorsque les tables ne comptent pas le même nombre de balles.

a)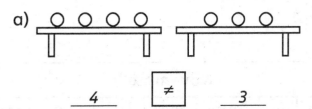

    __4__   [≠]   __3__

b)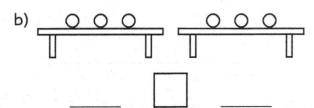

    _____   [ ]   _____

c)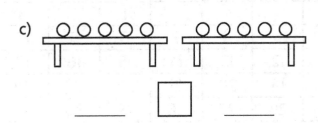

    _____   [ ]   _____

d)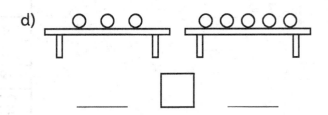

    _____   [ ]   _____

2. Écris le nombre de balles. Écris = ou ≠ dans la case.

a)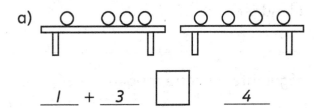

    __1__ + __3__   [ ]   __4__

b)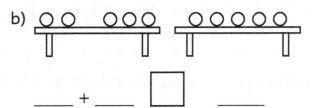

    ____ + ____   [ ]   ____

c)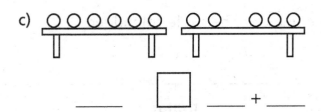

    _____   [ ]   ____ + ____

d)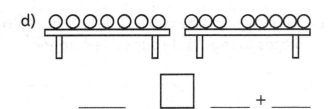

    _____   [ ]   ____ + ____

e)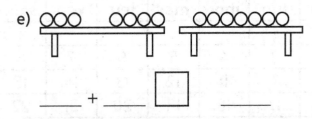

    ____ + ____   [ ]   _____

f)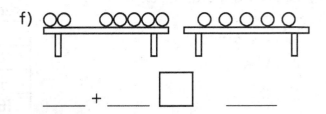

    ____ + ____   [ ]   _____

g)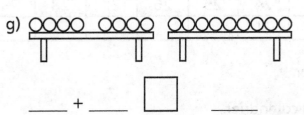

    ____ + ____   [ ]   _____

h)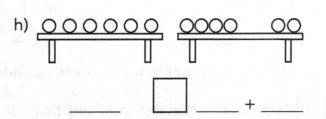

    _____   [ ]   ____ + ____

3. Encercle la bonne phrase d'addition.

a) $\boxed{7 = 3 + 4}$

b) $9 = 5 + 3$

c) $8 = 6 + 2$

$7 \neq 3 + 4$

$\boxed{9 \neq 5 + 3}$

$8 \neq 6 + 2$

d) $5 = 3 + 1$

e) $11 + 5 = 16$

f) $12 + 3 = 15$

$5 \neq 3 + 1$

$11 + 5 \neq 16$

$12 + 3 \neq 15$

Une **équation** est une phrase numérique qui comporte un **signe d'égalité (=)**.

$$3 + 5 = 8$$

signe d'égalité

Le signe d'égalité indique que le côté gauche de la phrase numérique a la même valeur que le côté droit.

---

4. Encercle les phrases numériques qui sont des équations.

A. $5 + 7 \neq 13$ **B.** $6 < 9$ **C.** $15 - 2 = 13$

D. $4 = 32 \div 8$ **E.** $6 \times 5 > 15$ **F.** $14 \neq 12 + 3$

5. Écris « V » lorsque l'équation est vraie. Écris « F » lorsque l'équation est fausse.

a) $3 + 7 = 10$ ___V___

b) $9 + 4 = 12$ ___F___

c) $2 + 17 = 18$ _____

d) $6 - 2 = 4$ _____

e) $24 - 5 = 19$ _____

f) $25 - 13 = 11$ _____

g) $3 \times 9 = 27$ _____

h) $6 \times 7 = 42$ _____

i) $56 = 8 \times 8$ _____

j) $24 \div 4 = 8$ _____

k) $12 \div 3 = 4$ _____

l) $6 = 35 \div 5$ _____

m) $14 + 13 = 27$ _____

n) $9 \times 3 = 28$ _____

o) $9 = 45 \div 5$ _____

p) $18 - 12 = 7$ _____

q) $4 = 15 - 10$ _____

r) $8 = 80 \div 10$ _____

BONUS ▶

s) $2 + 4 = 3 \times 2$ _____

t) $5 + 6 = 14 - 2$ _____

u) $24 \div 6 = 10 - 6$ _____

PA3-17 Les équations d'addition

1. Certaines pommes sont à l'intérieur de la case et d'autres, à l'extérieur.
   Dessine les pommes qui manquent dans la case.

   a)

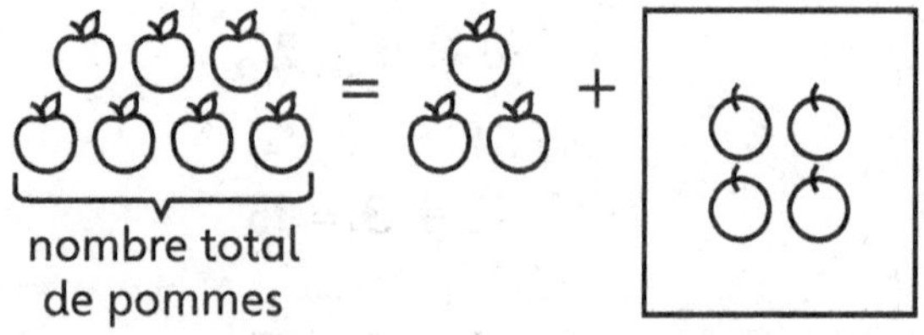

   nombre total
   de pommes

   b)

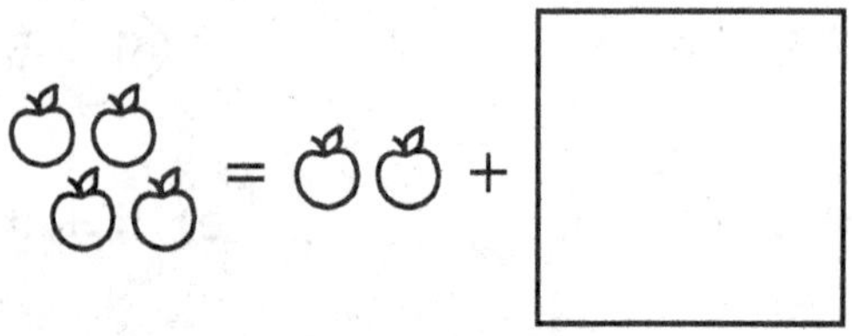

   c)

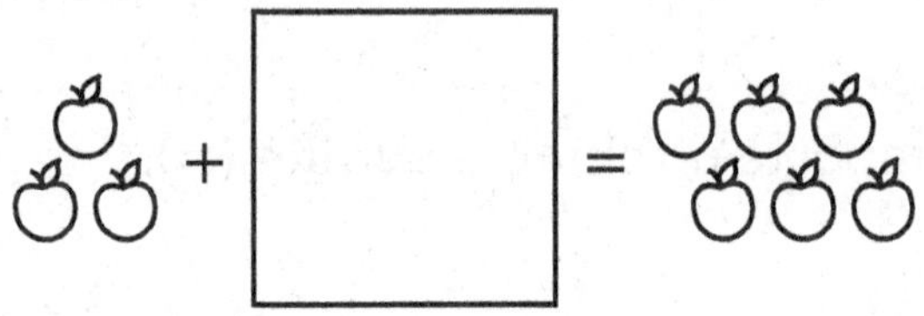

   d)

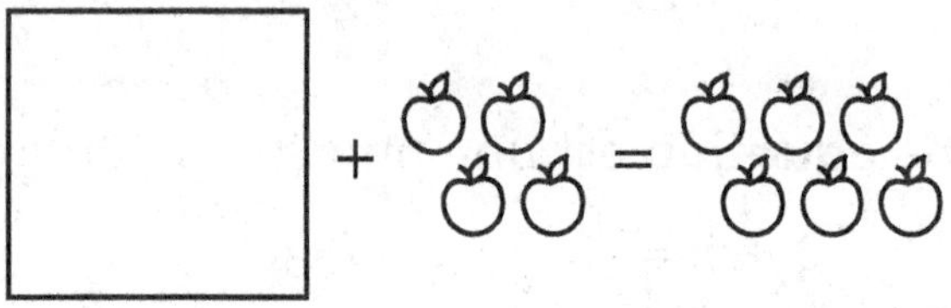

   e)

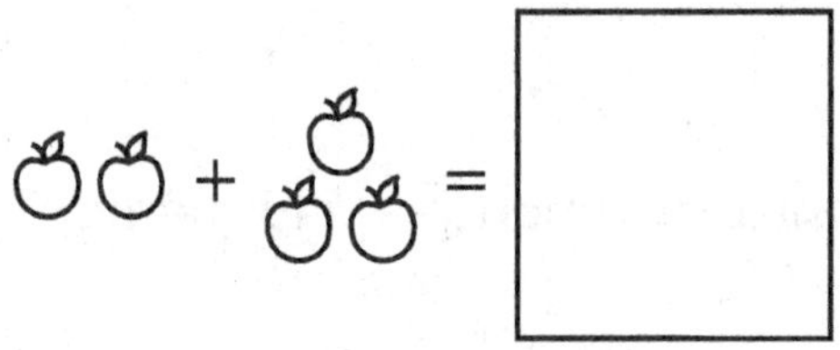

   f)

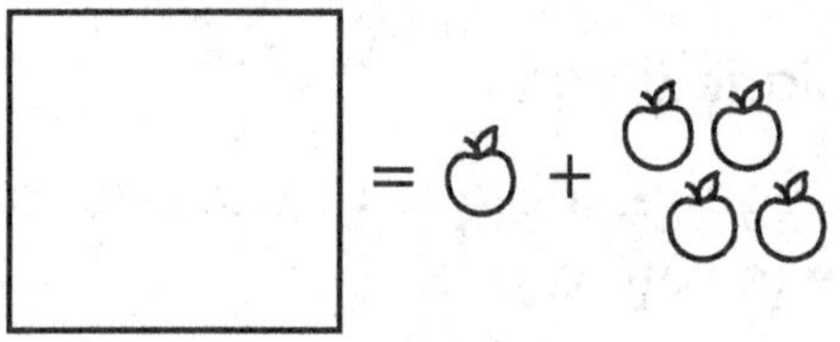

2. Dessine les pommes qui manquent dans la case, puis écris le nombre
   qui manque dans la petite case.

   a)

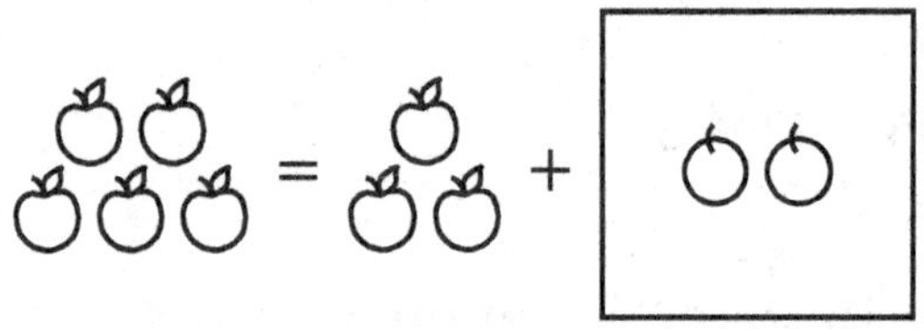

   5 = 3 + 2

   b)

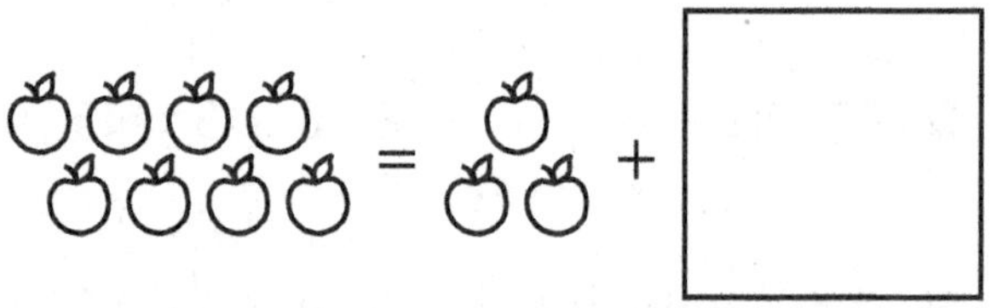

   8 = 3 +

   c)

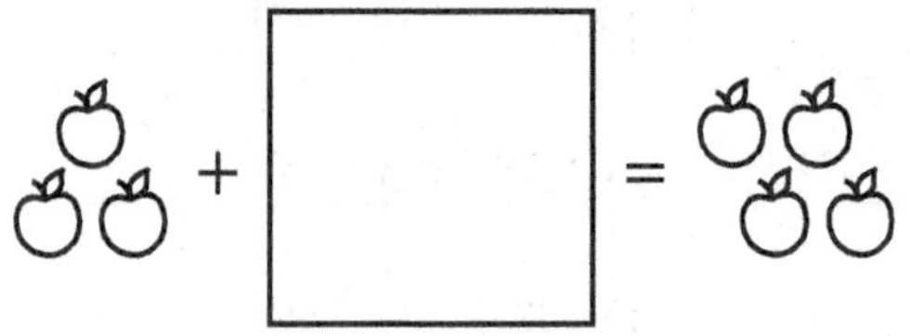

   3 + = 4

   d)

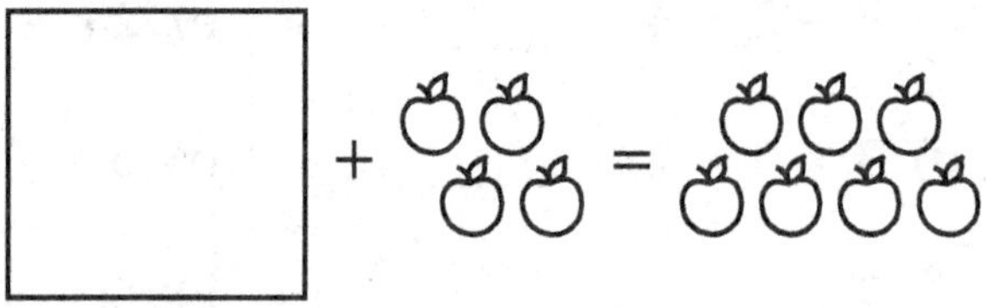

   + 4 = 7

   e)

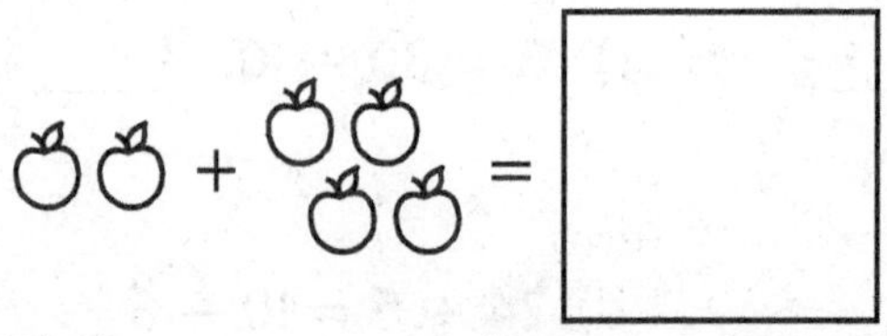

   2 + 4 =

   f)

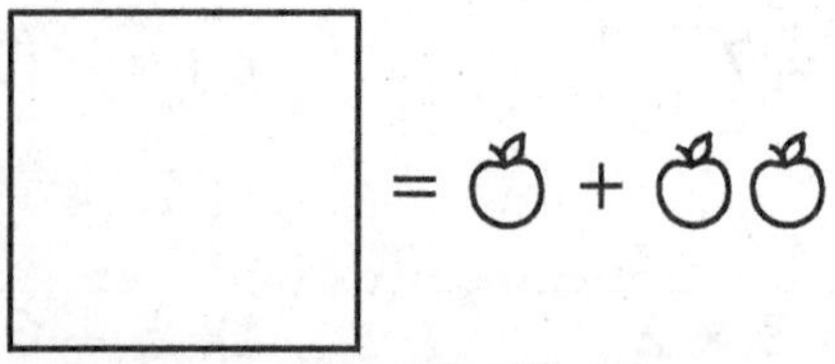

   = 1 + 2

Lorsque tu trouves le nombre manquant dans l'équation, tu **solutionnes** le problème.

3. Dessine une image pour l'équation. Utilise ton image pour solutionner l'équation.

   a) $5 + \boxed{} = 6$

   b) $\boxed{} + 4 = 9$

   c) $8 = \boxed{} + 3$

   d) $\boxed{} = 4 + 4$

Pour solutionner $\boxed{} + 3 = 7$, Megan devine que le nombre inconnu est 3.

Megan vérifie sa supposition.

$\boxed{3} + 3 = 7$ n'est pas vraie.

6 est trop petit. Pour obtenir une somme supérieure, elle essaie 4.

Megan vérifie sa nouvelle supposition.

$\boxed{4} + 3 = 7$ est vraie, alors le nombre inconnu est 4.

4. Solutionne l'équation en devinant, puis en vérifiant.

   a) $\boxed{} + 3 = 4$

   b) $2 + \boxed{} = 9$

   c) $9 = \boxed{} + 4$

   d) $10 = 6 + \boxed{}$

   e) $5 + 7 = \boxed{}$

   f) $\boxed{} = 7 + 6$

   g) $15 = 9 + \boxed{}$

   h) $\boxed{} + 8 = 16$

Tu peux écrire 2 équations d'addition et 2 équations de soustraction pour cette image.

⬤⬤⬤◯◯◯◯

| $3 + 4 = 7$ | $4 + 3 = 7$ | $7 - 3 = 4$ | $7 - 4 = 3$ |

Ces équations constituent une **famille factuelle**.

5. Écris la famille factuelle de l'image.

   a)

   _____
   _____
   _____
   _____

   b)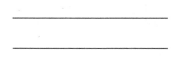

   _____
   _____
   _____
   _____

   c) ◯◯◯◯◯◯◯⬤

   _____
   _____
   _____
   _____

6. Fais un dessin pour l'équation. Écris le reste de la famille factuelle.

a) $4 + 2 = 6$

  $\underline{2 + 4 = 6, \; 6 - 2 = 4,}$

  $\underline{6 - 4 = 2}$

b) $6 + 1 = 7$

_____

_____

c) $6 - 1 = 5$

_____

_____

d) $9 - 4 = 5$

_____

_____

Certains cercles sont dans une case. ⬤◯◯ [   ]

Il y a **8** cercles en tout. Anton veut trouver combien il y a de cercles dans la case.

Il écrit l'équation $3 + \boxed{} = 8$.

Anton soustrait pour trouver le nombre de cercles dans la boîte : $8 - 3 = \boxed{5}$

⬤⬤⬤ [◯◯◯◯◯]

---

7. Fais un dessin pour l'équation, puis écris la soustraction pour trouver le nombre manquant.

a) $7 + \boxed{} = 9$

  $\underline{9 - 7 = 2}$

b) $3 + \boxed{} = 10$

_____

c) $\boxed{} + 4 = 8$

_____

d) $5 = \boxed{} + 1$

_____

8. Écris l'équation de soustraction pour trouver le nombre manquant.

a) $7 = 4 + \boxed{}$

  $\underline{7 - 4 = 3}$

b) $10 = \boxed{} + 3$

_____

c) $\boxed{} + 6 = 11$

_____

d) $10 + \boxed{} = 19$

_____

e) $\boxed{} + 21 = 32$ f) $42 + \boxed{} = 95$ g) $69 = \boxed{} + 14$ h) $80 = 36 + \boxed{}$

PA3-18 Les équations de soustraction

1. Sam prend des pommes dans une boîte. Dessine les pommes qui se trouvaient auparavant dans la boîte.

a) 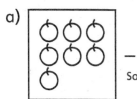 $-$ $=$

Samuel en prend un certain nombre   et il en reste un certain nombre

b)

c)

d)

2. Dessine les pommes qui manquent, puis écris le nombre qui manque dans la petite case.

a)

$\square$ $=$ 5 $-$ 2

b)

6 $-$ $\square$ $=$ 3

c)

4 $=$ 5 $-$ $\square$

d)

7 $-$ 4 $=$ $\square$

3. Fais un dessin pour l'équation. Utilise ton dessin pour résoudre l'équation.

a) $6 - \square = 1$

b) $3 = \square - 6$

4. Solutionne l'équation en devinant, puis en vérifiant.

a) $\boxed{} - 2 = 2$ b) $3 = \boxed{} - 4$ c) $8 - 3 = \boxed{}$ d) $\boxed{} = 10 - 2$

e) $9 - \boxed{} = 2$ f) $3 = 10 - \boxed{}$ g) $8 = \boxed{} - 2$ h) $15 - 7 = \boxed{}$

i) $\boxed{} - 8 = 10$ j) $13 = \boxed{} - 4$ k) $28 - 13 = \boxed{}$ l) $7 = \boxed{} - 9$

m) $16 - \boxed{} = 8$ n) $8 = 15 - \boxed{}$ o) $8 = \boxed{} - 6$ p) $20 - \boxed{} = 20$

Lela prend 3 pommes dans une boîte. Il reste 2 pommes dans la boîte.

$\boxed{}$ – 🍎🍎🍎 = 🍎🍎

$\boxed{}$ – 3 = 2

Lela additionne le nombre de pommes qu'elle a prises et le nombre de pommes qui reste pour trouver le nombre de pommes qu'il y avait au départ dans la boîte.

3 + 2 = $\boxed{5}$

🍎🍎🍎 + 🍎🍎 = $\boxed{🍎🍎🍎🍎🍎}$

---

5. Écris une équation d'addition pour trouver le nombre de pommes qui se trouvait auparavant dans la boîte.

a) $4 = \boxed{} - 3$ b) $\boxed{} - 1 = 8$ c) $10 = \boxed{} - 3$ d) $6 = \boxed{} - 4$

$\underline{\quad 3 + 4 = 7 \quad}$ $\underline{}$ $\underline{}$ $\underline{}$

e) $\boxed{} - 6 = 6$ f) $\boxed{} - 9 = 4$ g) $9 = \boxed{} - 7$ h) $\boxed{} - 10 = 9$

$\underline{}$ $\underline{}$ $\underline{}$ $\underline{}$

i) $\boxed{} - 16 = 6$ j) $\boxed{} - 23 = 14$ k) $19 = \boxed{} - 27$ l) $\boxed{} - 10 = 75$

$\underline{}$ $\underline{}$ $\underline{}$ $\underline{}$

m) $\boxed{} - 21 = 32$ n) $\boxed{} - 42 = 40$ o) $61 = \boxed{} - 11$ p) $80 = \boxed{} - 50$

$\underline{}$ $\underline{}$ $\underline{}$ $\underline{}$

RAPPEL ▶ Tu peux écrire une famille factuelle pour cette image.

$$2 + 3 = 5,\ 3 + 2 = 5,\ 5 - 3 = 2,\ 5 - 2 = 3$$

6. Écris le reste de l'équation de la famille factuelle.

a) $6 - 2 = 4,$ _____

b) $10 - 7 = 3,$ _____

7. Écris l'autre équation de soustraction de la même famille factuelle.

a) $11 - 3 = 8$ b) $12 - 7 = 5$ c) $17 - 9 = 8$

   $\underline{\ 11 - 8 = 3\ }$ _____   _____

Pour trouver le nombre qui manque dans $\ 7 - \boxed{} = 4$, utilise $7 - 4 = \boxed{}$.

Nous savons que $\ 7 - 4 = 3$, alors $7 - \boxed{3} = 4$.

---

8. Écris l'autre équation de soustraction de la même famille factuelle.
Trouve le nombre dans la boîte.

a) $7 - \boxed{} = 5$ b) $9 - \boxed{} = 4$ c) $10 - \boxed{} = 2$

   $\underline{\ 7 - 5\ } = \boxed{2}$ _____ $= \boxed{}$ _____ $= \boxed{}$

d) $12 - \boxed{} = 5$ e) $14 - \boxed{} = 6$ f) $17 - \boxed{} = 10$

   _____ $= \boxed{}$ _____ $= \boxed{}$ _____ $= \boxed{}$

g) $32 - \boxed{} = 25$ h) $26 = 54 - \boxed{}$ i) $17 = 97 - \boxed{}$

9. Solutionne l'équation.

a) $\boxed{} - 33 = 32$ b) $42 - \boxed{} = 40$ c) $71 = \boxed{} - 14$

d) $80 = 90 - \boxed{}$ e) $\boxed{} = 36 - 28$ f) $78 - 29 = \boxed{}$

g) $34 = \boxed{} - 7$ h) $\boxed{} - 40 = 15$ i) $\boxed{} = 67 - 39$

BONUS ▶

j) $100 - \boxed{} = 51$ k) $71 = \boxed{} - 29$ l) $\boxed{} - 100 = 0$

PA3-19 L'utilisation des lettres pour des nombres inconnus

> Tu peux utiliser une lettre pour remplacer le nombre que tu ne connais pas.
>
> Plutôt que d'avoir $\square$ + 5 = 8, tu peux écrire $x + 5 = 8$ ou $a + 5 = 8$.

1. Utilise x au lieu de la case. Réécris l'équation.

   a) $\boxed{} + 35 = 70$

   b) $24 = \boxed{} - 6$

   c) $\boxed{} = 7 + 59$

   _____

   _____

   _____

2. Utilise y au lieu de la case. Réécris l'équation.

   a) $45 = 90 - \boxed{}$

   b) $102 = \boxed{} + 6$

   c) $97 - 69 = \boxed{}$

   _____

   _____

   _____

> **RAPPEL ▶** Utilise une addition pour trouver le total manquant.
>
> $x - 5 = 1$
>
> $5 + 1 = 6$
>
> $x = 6$
>
> Utilise une soustraction pour pour trouver la partie manqante.
>
> $6 - a = 4$ $2 + y = 8$
>
> $6 - 4 = 2$ $8 - 2 = 6$
>
> $a = 2$ $y = 6$

3. Solutionne l'équation.

   a) $44 - x = 20$

   $\underline{\quad 44 - 20 = 24 \quad}$

   $x = \underline{\quad 24 \quad}$

   b) $24 - 6 = n$

   _____

   $n = \underline{\quad\quad}$

   c) $15 = 7 + m$

   _____

   $m = \underline{\quad\quad}$

   d) $y - 28 = 10$

   _____

   $y = \underline{\quad\quad}$

   e) $24 = 6 + b$

   _____

   $b = \underline{\quad\quad}$

   f) $35 = x - 7$

   _____

   $x = \underline{\quad\quad}$

4. Combien de nombres peux-tu trouver pour solutionner l'équation $\boxed{} + 5 = 12$?
   Explique.

   _____

   _____

5. Réécris l'équation pour qu'il y ait une seule opération. Solutionne l'équation.

a) $25 + 3 = 15 + y$

$28 = 15 + y$

$28 - 15 = 13$

$y = 13$

b) $4 + 24 + n = 70$

c) $x - 10 = 35 + 4$

d) $35 - 10 = b - 15$

e) $p + 12 = 33 - 5$

BONUS ▶ $40 - a = 5 \times 4$

Tu peux aussi utiliser des symboles comme ☺ ou ? pour remplacer les nombres inconnus.

Au lieu de $\boxed{} - 5 = 8$ ou $x - 5 = 8$, tu peux écrire ☺ $- 5 = 8$ ou $? - 5 = 8$.

---

6. Utilise ☺ au lieu de a. Réécris l'équation.

a) $44 - a = 20$

b) $25 - 6 = a$

c) $35 = 7 + a$

_____

_____

_____

7. Solutionne l'équation.

a) $? - 8 = 10$

_____

$? =$ _____

b) $13 = 8 + \star$

_____

$\star =$ _____

c) $11 = ☺ - 7$

_____

☺ $=$ _____

d) $29 - ? = 19$

_____

$? =$ _____

e) $50 = ☾ + 25$

_____

$☾ =$ _____

BONUS ▶ $75 = \vee + 75$

_____

$\vee =$ _____

BONUS ▶ Utilise le même nombre au lieu de ☺. Peux-tu trouver plus d'une solution à l'équation ☺ $+ 0 = ☺$? Explique.

NS3-62 Le pliage égal de la feuille de papier

Une **fraction** désigne des **parties égales** d'un tout.

2 parties égales		Chaque partie est une moitié.
3 parties égales		un tiers
4 parties égales		un quart
6 parties égales		un sixième
8 parties égales		un huitième

I. Utilise la méthode du **pliage de la feuille de papier** pour remplir les espaces vides.

a)

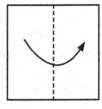

___2___ parties égales

Chaque partie est ___une___ ___moitié___ .

b)

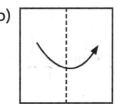 

dépliée

___4___ parties égales

Chaque partie est _les quarts_.

c)

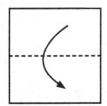

___2___ parties égales

Chaque partie est _une moitié_.

d)

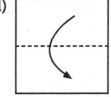 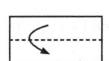

___3___ parties égales

Chaque partie est _les tiers_.

e)

___2___ parties égales

Chaque partie est _une moitié_.

f)

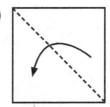 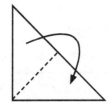

___4___ parties égales

Chaque partie est _les quarts_.

2. Utilise la méthode du pliage de la feuille de papier pour remplir les espaces vides.

a)

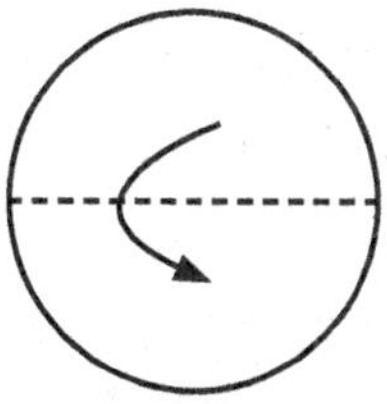

_2_ parties égales

Chaque partie est _une moitié_.

b)

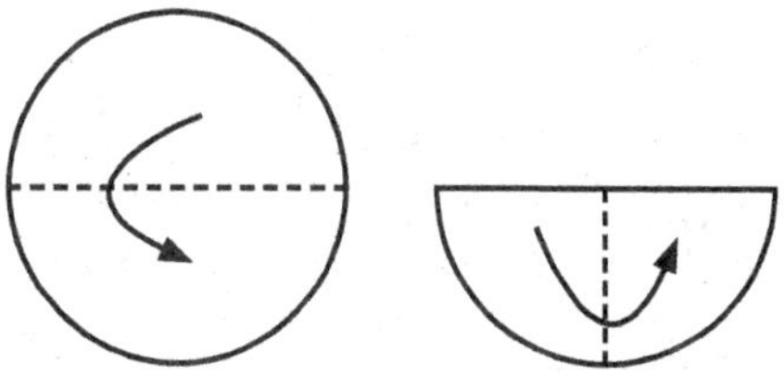

_4_ parties égales

Chaque partie est _Les quarts_.

c)

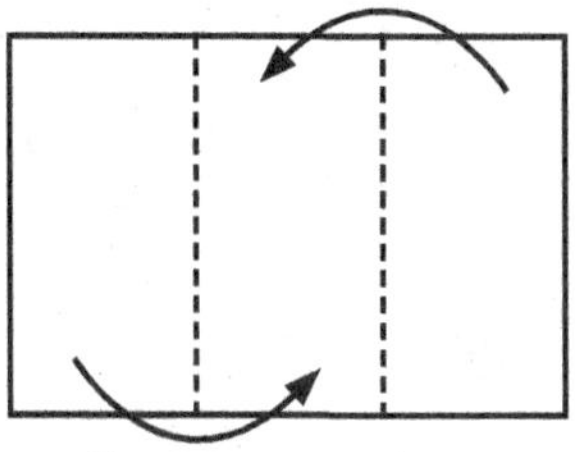

_3_ parties égales

Chaque partie est _Les tiers_.

d)

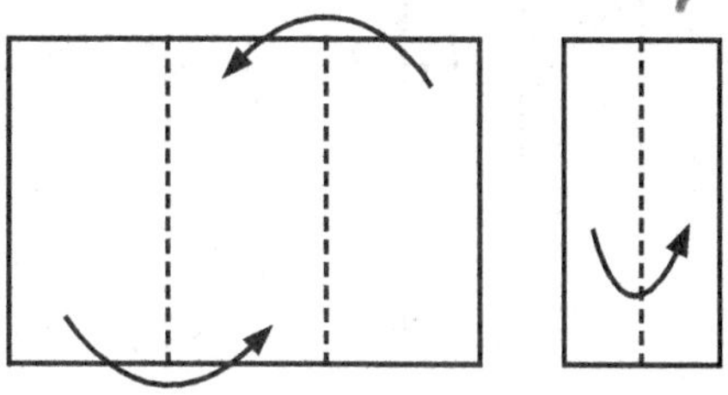

_____ parties égales

Chaque partie est _____ _____.

e)

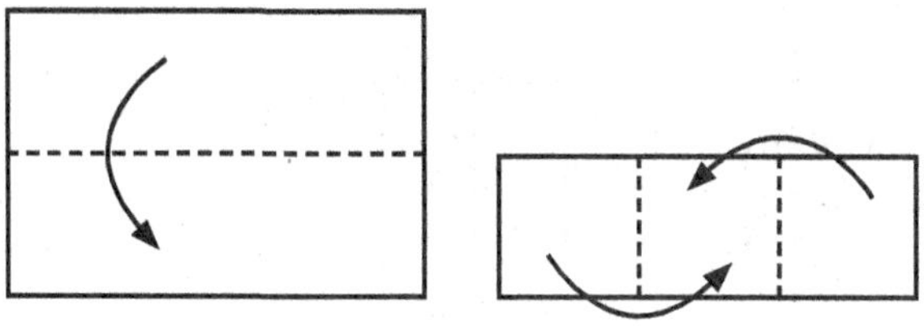

_____ parties égales

Chaque partie est _____ _____.

f)

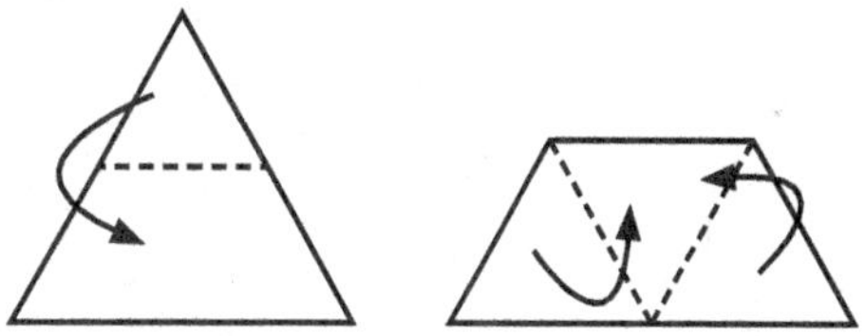

_____ parties égales

Chaque partie est _____ _____.

BONUS ▶

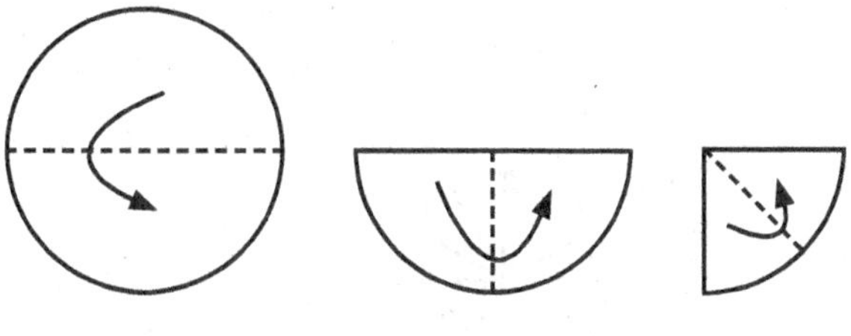

_____ parties égales

Chaque partie est

_____ _____.

3. Kyle pense que chaque partie de l'image correspond à un sixième du tout. A-t-il raison? Explique.

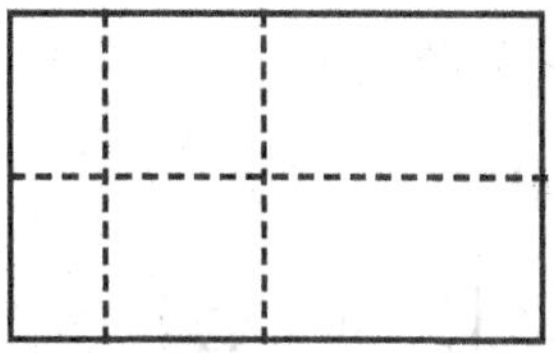

NS3-63 Les fractions unitaires

Il y a 4 parties égales.
Chaque partie est un quart.
Un quart est une fraction.

Tu peux écrire des fractions avec des mots ou des chiffres.

Un quart ou $\frac{1}{4}$ ← nombre de parties coloriées
← nombre de parties dans le tout

I. Écris la fraction correspondant aux parties égales avec des mots et avec des chiffres.

a)
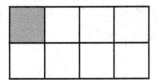

___8___ parties égales

Chaque partie est

___un___ ___huitième___ ou $\boxed{\dfrac{1}{8}}$.

b)

__4__ parties égales

Chaque partie est

les quarts ou $\boxed{\dfrac{1}{4}}$.

c)

__6__ parties égales

Chaque partie est

une sixième ou $\boxed{\dfrac{1}{6}}$.

d)

__5__ parties égales

Chaque partie est

_____ _____ ou $\boxed{\dfrac{1}{5}}$.

e)

__8__ parties égales

Chaque partie est

une huitième ou $\boxed{\dfrac{1}{8}}$.

f)

__12__ parties égales

Chaque partie est

_____ _____ ou $\boxed{\dfrac{1}{12}}$.

Une **fraction unitaire** a seulement 1 partie égale coloriée.

 $\frac{1}{4}$

2. Écris la fraction unitaire illustrée par la partie coloriée de l'image.

a) 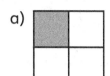 $\frac{1}{4}$

b) 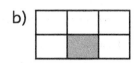 $\frac{1}{6}$

c) $\frac{1}{2}$

d) $\frac{1}{5}$

e) 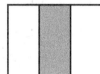 $\frac{1}{3}$

f) $\frac{1}{8}$

3. Colorie la fraction unitaire.

a) $\frac{1}{5}$

b) $\frac{1}{2}$

c) $\frac{1}{4}$

d) $\frac{1}{10}$

e) $\frac{1}{3}$

f) $\frac{1}{6}$

4. a) Encercle les fractions unitaires.

$\frac{2}{3}$ $\frac{1}{4}$ $\frac{1}{8}$ $\frac{4}{7}$ $\frac{1}{5}$ $\frac{9}{10}$ $\frac{1}{6}$ $\frac{2}{9}$

b) Explique pourquoi les fractions qui ne sont pas encerclées
ne sont pas des fractions unitaires.

_____

5. a) Encercle les images qui n'illustrent pas un quart.

    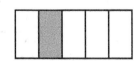

b) Explique pourquoi les images que tu as encerclées ne montrent pas un quart.

Il y a 4 parties égales.
3 parties sont coloriées.

Tu peux écrire la fraction sous la forme $\frac{3}{4}$.

$\frac{3}{4}$ ← Le **numérateur** t'indique que 3 parties sont coloriées.

← Le **dénominateur** t'indique qu'il y a 4 parties dans le tout.

I. Compte le nombre de parties coloriées et le nombre de parties égales dans l'image. Écris ensuite la fraction illustrée par les parties coloriées.

a)

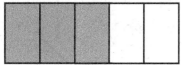

___3___ parties coloriées

___5___ parties égales

La fraction est $\boxed{\dfrac{3}{5}}$.

b)

___5___ parties coloriées

___8___ parties égales

La fraction est $\boxed{\dfrac{5}{8}}$.

c)

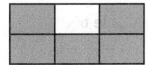

___5___ parties coloriées

___6___ parties égales

La fraction est $\boxed{\dfrac{5}{6}}$.

d)

___3___ parties coloriées

___4___ parties égales

La fraction est $\boxed{\dfrac{3}{4}}$.

2. Écris la fraction illustrée par la partie ou les parties coloriées.

a)

 $\boxed{\dfrac{2}{5}}$

b)

 $\boxed{\dfrac{1}{2}}$

c)

 $\boxed{\dfrac{5}{6}}$

d)

 $\boxed{\dfrac{4}{9}}$

e)

 $\boxed{\dfrac{9}{16}}$

f)

 $\boxed{\dfrac{4}{4}}$

3. Colorie les parties pour illustrer la fraction.

a) $\frac{3}{4}$

b) $\frac{2}{3}$

c) $\frac{1}{5}$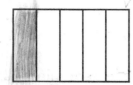

d) $\frac{7}{8}$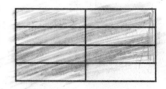

e) $\frac{5}{6}$

f) $\frac{2}{2}$

4. Écris la fraction qui correspond aux parties non coloriées.

a) $\frac{1}{4}$

b) $\frac{2}{5}$

c) $\frac{3}{4}$

d) 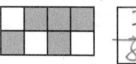 $\frac{3}{8}$

e) $\frac{5}{6}$

f) $\frac{3}{5}$

> **RAPPEL ▶** Dans une fraction, il y a un nombre de parties égales dans le tout.

5. Encercle les images qui ont un nombre de parties égales dans le tout.

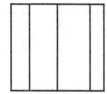    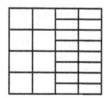

6. a) Encercle l'image dont la région coloriée correspond à $\frac{2}{3}$.

 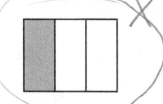 

b) Pour chaque image non encerclée, explique pourquoi la région coloriée ne corresponds pas à $\frac{2}{3}$. Ces parties ne réprésentent pas $\frac{2}{3}$ colorïés

7. Écris le numérateur de la fraction.

a) $\frac{3}{4}$ __3__   b) $\frac{5}{8}$ __5__   c) $\frac{1}{6}$ __1__   d) $\frac{2}{7}$ __2__

8. Écris le dénominateur de la fraction.

a) $\frac{7}{8}$ __8__   b) $\frac{1}{4}$ __4__   c) $\frac{3}{5}$ __5__   d) $\frac{5}{6}$ __6__

9. Tu as $\frac{2}{5}$ d'une tarte.

a) Quel est le dénominateur de la fraction? __5__

b) Qu'est-ce que t'indique le dénominateur de la fraction? __Le ce que__
 __dénominateur réprésente le nombre de__
__parties égales__

c) Quel est le numérateur de la fraction? __2__

d) Qu'est-ce que t'indique le numérateur? __Le numérateur est__
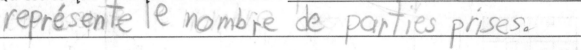 __représente le nombre de parties prises.__

10. Dans l'immeuble où vit Fred, $\frac{11}{16}$ des appartements sont occupés par des personnes qui y vivent.

a) Quel est le dénominateur de la fraction? __16__

b) Quel est le numérateur de la fraction? __11__

c) Combien d'appartements y a-t-il dans l'immeuble? __16__

d) Dans combien d'appartements y a-t-il des personnes qui y vivent? __11__

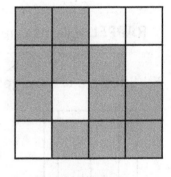

11. Dans l'autobus scolaire d'Iva, $\frac{17}{24}$ des sièges sont occupés par des élèves.

a) Quel est le dénominateur de la fraction? __24__

b) Quel est le numérateur de la fraction? __17__

c) Combien de sièges y a-t-il dans l'autobus? __24__

d) Combien d'élèves y a-t-il assis dans l'autobus? __17__

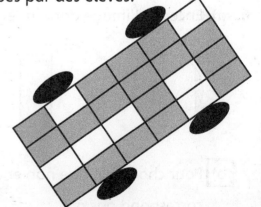

NS3-65 Fractions et blocs géométriques

Voici les **blocs géométriques** de quatre formes.

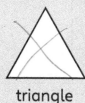 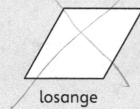 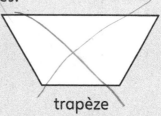 

triangle   losange   trapèze   hexagone

1. a) Quelle forme a six côtés? _Le hexagone_

   b) Quelle forme a trois côtés? _Le triangle_

   c) Quelle forme a une seule paire de côtés parallèles? _trapèze_

   d) Quelle forme a deux paires de côtés parallèles? _triangle_

2. a) Relie les points au moyen d'une ligne.
      Combien de triangles recouvrent le losange? $\frac{1}{2}$

   b) Relie chaque paire de points au moyen d'une ligne.
      Combien de triangles recouvrent le trapèze? $\frac{1}{3}$

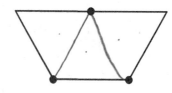

   c) Trace des lignes entre le point au centre
      de l'hexagone et chacun des sommets.

      Combien de triangles recouvrent l'hexagone? $\frac{1}{6}$

3. À quelle fraction du bloc géométrique le triangle colorié correspond-il?

   a) 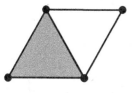   b) 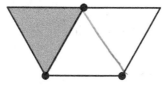   c)

   $\frac{1}{2}$ $\frac{1}{3}$ $\frac{1}{6}$

4. a) À quelle fraction de l'hexagone le
        trapèze correspond-il?

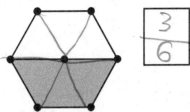

b) À quelle fraction de l'hexagone le
    losange correspond-il?

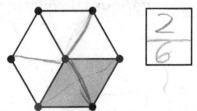

5. Quelle fraction de l'image est coloriée?

a) 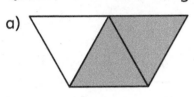 $\dfrac{2}{3}$

b) 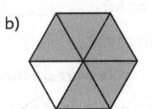 $\dfrac{5}{6}$

c) 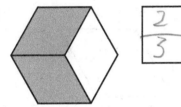 $\dfrac{2}{3}$

d) 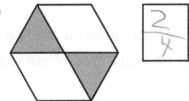 $\dfrac{2}{4}$

6. Quelle fraction de l'image est coloriée?

a)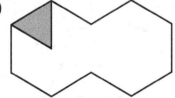

b)

c) 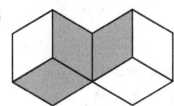 $\dfrac{3}{6}$

d) 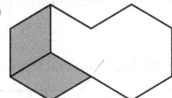 $\dfrac{2}{6}$

BONUS ▶

e) 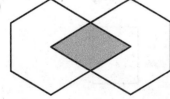 $\dfrac{1}{4}$

f) 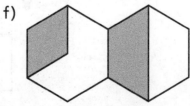 $\dfrac{2}{4}$

NS3-66 Les parties égales des formes

I. Colorie la moitié de la forme de deux manières différentes.

a)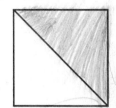

b)

c)

d)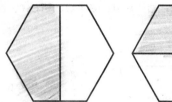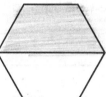

e)

f)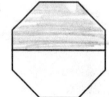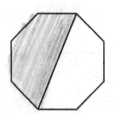

2. Écris « oui » ou « non » pour répondre à la question pour chacune des parties de la question 1.

a) Les fractions sont-elles identiques?

b) Les parties égales se ressemblent-elles?

3. Colorie un quart de la forme de différentes manières.

a)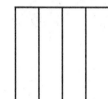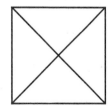

b)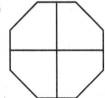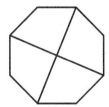

4. Écris « oui » ou « non » pour répondre à la question pour chacune des parties de la question 3.

a) Les fractions sont-elles identiques?

b) Les parties égales se ressemblent-elles?

5. Ajoute une ligne à l'image pour faire 4 parties égales.

a)
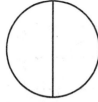

b)
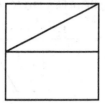

BONUS ▶
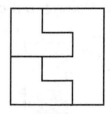

6. Ajoute une ligne à l'image pour faire 6 parties égales.

a)
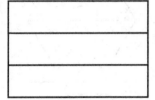

b)

c)

d)

7. Jun doit colorier un cinquième du grand carré.

Sa réponse est-elle correcte? _____

Explique. _____

_____

_____

_____

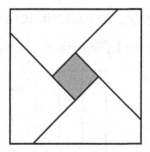

BONUS ▶ Montre deux façons différentes de diviser un rectangle en 8 rectangles égaux.

1. Trace une ligne pour créer 2 parties égales, puis colorie $\frac{1}{2}$ du tout.

a)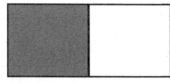

b)

c)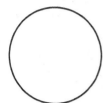

d)

e)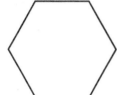

BONUS ▶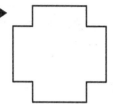

2. Trace une ligne pour créer 3 parties égales, puis colorie $\frac{2}{3}$ du tout.

a)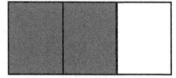

b)

c)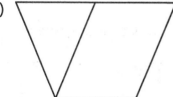

d)

e)

BONUS ▶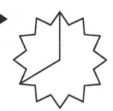

3. Trace une ligne pour créer 4 parties égales, puis colorie $\frac{3}{4}$ du tout.

a)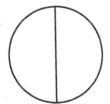

b)

c)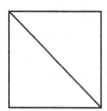

d)

e)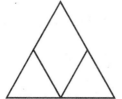

BONUS ▶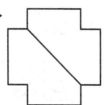

4. La moitié d'une forme est coloriée. Encercle la forme au complet.

a)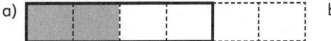

b)

c)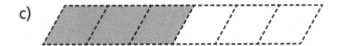

d)

e)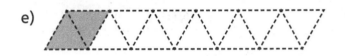

f)

g)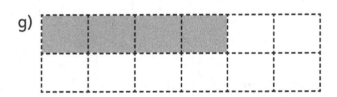

h)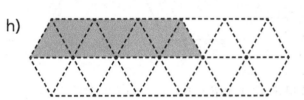

5. Le tiers d'une forme est colorié. Encercle la forme au complet.

a)

b)

c)

d)

e)

f)

g)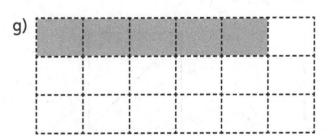

h)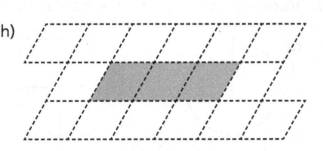

BONUS ▶ Le quart d'une forme est colorié. Encercle la forme au complet.

Les fractions peuvent désigner des parties d'un ensemble.

Il y a 5 formes en tout.

2 de ces formes sont des carrés, ou tu peux dire que $\frac{2}{5}$ des formes sont des carrés.

3 de ces formes sont des triangles, ou tu peux dire que $\frac{3}{5}$ des formes sont des triangles.

1. Remplis les espaces vides.

a) ☐ des formes sont des carrés.

b) ☐ des formes sont des triangles.

c) ☐ des formes sont des cercles.

d) ☐ des formes sont coloriées.

2. Remplis les espaces vides.

a) $\frac{4}{8}$ des formes

sont _____.

b) $\frac{3}{8}$ des formes

sont _____.

c) $\frac{1}{8}$ des formes

est _____.

d) $\frac{5}{8}$ des formes

sont _____.

3. Une équipe de soccer remporte 5 parties et en perd 3. Cela peut être représenté sous la forme G G G G G D D D, dans laquelle G est un gain et D est une défaite.

a) Combien de parties l'équipe a-t-elle jouées en tout? _____

b) Quelle fraction des parties l'équipe a-t-elle gagnée? ☐

c) Quelle fraction des parties l'équipe a-t-elle perdue? ☐

4. Écris quatre fractions différentes pour l'image.

a) ☐ des formes

sont _____.

b) ☐ des formes

sont _____.

c) ☐ des formes

sont _____.

d) ☐ des formes

sont _____.

5. Dessine une image qui correspond à tous les énoncés.

a) Il y a 5 cercles et carrés. $\frac{3}{5}$ des formes sont des carrés.

$\frac{2}{5}$ des formes sont coloriés. Deux cercles sont coloriés.

b) Il y a 5 triangles et carrés. $\frac{3}{5}$ des formes sont coloriés.

$\frac{2}{5}$ des formes sont des triangles. Un carré est colorié.

6.

a) Quelle fraction des cercles est coloriée? ☐

b) Quelle fraction des cercles n'est pas coloriée? ☐

c) J'ai ajouté 4 cercles coloriés au diagramme. Combien y a-t-il de cercles en tout maintenant? _____

d) Quelle fraction des cercles est maintenant coloriée? ☐

e) Quelle fraction des cercles est maintenant non coloriée? ☐

NS3-69 Comparer des fractions

1. Colorie la fraction indiquée de la bande.

a) 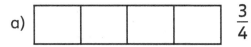 $\frac{3}{4}$

b) $\frac{2}{3}$

c)  $\frac{2}{5}$

d) $\frac{7}{8}$

2. Quelle bande est la plus coloriée? Encercle la fraction la plus grande.

a) 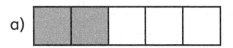 $\frac{2}{5}$

$\left(\frac{3}{5}\right)$

b) 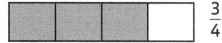 $\frac{3}{4}$

$\frac{1}{4}$

c) 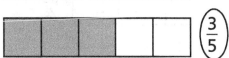 $\frac{5}{8}$

$\frac{3}{8}$

d) 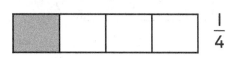 $\frac{1}{3}$

$\frac{2}{3}$

Pour comparer des fractions, les « tout » doivent être identiques.

$\frac{7}{8}$ est plus grand que $\frac{3}{8}$ parce qu'une

plus grande partie du tout est coloriée.

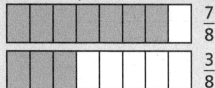 $\frac{7}{8}$

$\frac{3}{8}$

3. Colorie les fractions indiquées de la bande. Encercle ensuite la plus grande fraction.

a) 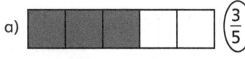 $\left(\frac{3}{5}\right)$

$\frac{2}{5}$

b) 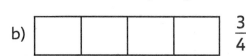 $\frac{3}{4}$

$\frac{1}{4}$

c)  $\frac{5}{8}$

$\frac{7}{8}$

d) 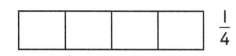 $\frac{3}{6}$

$\frac{5}{6}$

4. Colorie les fractions indiquées de la bande. Encercle ensuite la plus petite fraction.

a) 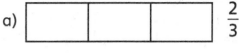 $\dfrac{2}{3}$

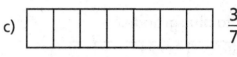 $\dfrac{1}{3}$

b) 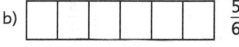 $\dfrac{5}{6}$

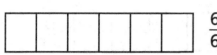 $\dfrac{6}{6}$

c) 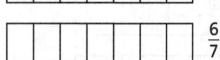 $\dfrac{3}{7}$

$\dfrac{6}{7}$

d) 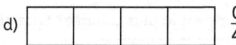 $\dfrac{0}{4}$

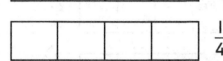 $\dfrac{1}{4}$

> « 5 est plus grand que 3 » s'écrit 5 > 3.　　　　« 3 est plus petit que 5 » s'écrit 3 < 5.

5. Encercle la fraction la plus grande. Utilise ensuite le signe approprié (< ou >) pour comparer les fractions.

a) 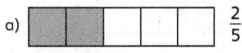 $\dfrac{2}{5}$

$\dfrac{3}{5}$

$$\dfrac{2}{5} \boxed{<} \dfrac{3}{5}$$

b) 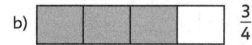 $\dfrac{3}{4}$

$\dfrac{1}{4}$

$$\dfrac{3}{4} \boxed{\phantom{<}} \dfrac{1}{4}$$

c) 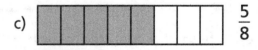 $\dfrac{5}{8}$

$\dfrac{3}{8}$

$$\dfrac{5}{8} \boxed{\phantom{<}} \dfrac{3}{8}$$

d) 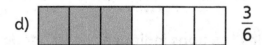 $\dfrac{3}{6}$

$\dfrac{5}{6}$

$$\dfrac{3}{6} \boxed{\phantom{<}} \dfrac{5}{6}$$

6. Jessica a regardé les images et a dit que $\dfrac{1}{3} > \dfrac{2}{3}$. Explique son erreur.

$\dfrac{1}{3}$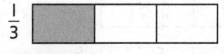

$\dfrac{2}{3}$

7. Trouve le cercle qui est le plus colorié. Encercle la fraction la plus grande.

a)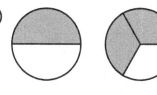

$\frac{1}{2}$ $\frac{2}{3}$

b)

$\frac{3}{4}$ $\frac{1}{3}$

8. Colorie la fraction indiquée du cercle. Encercle la fraction la plus petite.

a)

$\frac{1}{4}$ $\frac{1}{3}$

b)

$\frac{6}{8}$ $\frac{4}{6}$

9. Encercle la fraction la plus grande. Utilise ensuite le signe approprié (< ou >) pour les comparer.

a)

$\frac{1}{4}$ $\frac{1}{6}$

b)

$\frac{2}{3}$ □ $\frac{7}{8}$

10. Lily et Ed ont deux pizzas de taille égale. Lily mange les deux tiers de sa pizza. Ed mange les trois quarts de sa pizza. Quelle fraction est la plus grande? Qui a mangé le plus?

     $\frac{2}{3}$ □ $\frac{3}{4}$ _____ a mangé le plus.

11. John pense qu'il a plus de pizza que Mary parce que $\frac{3}{4} > \frac{1}{2}$. Est-il correct? Explique.

John   Mary

I. Compte par bonds de fraction.

a) $\frac{1}{4}$, $\frac{2}{4}$, ⬚ , ⬚

b) $\frac{1}{5}$, $\frac{2}{5}$, ⬚ , ⬚ , ⬚

c) $\frac{1}{3}$, ⬚ , ⬚

d) $\frac{1}{2}$, ⬚

2. Écris une fraction correspondant à la partie coloriée du cercle. Compte ensuite par bonds de fraction pour dénombrer toutes les parties égales du cercle.

a) $\boxed{\frac{1}{4}}$

$\boxed{\frac{1}{4}}$ $\boxed{\frac{2}{4}}$ $\boxed{\frac{3}{4}}$ $\boxed{\frac{4}{4}}$

b) ⬚

⬚ ⬚ ⬚

c) ⬚

⬚ ⬚ ⬚ ⬚ ⬚

d) ⬚

⬚ ⬚

3. Écris une fraction correspondant à la partie coloriée du carré. Compte ensuite par bonds de fraction pour dénombrer toutes les parties égales du carré.

a) ⬚

⬚ ⬚ ⬚

b) ⬚

⬚ ⬚ ⬚ ⬚

c)  ⬚

⬚ ⬚

d)  ⬚

⬚ ⬚

Deux demi-carrés couvrent la même aire qu'un carré complet.

Tu peux encercler les paires de demi-carrés pour trouver l'aire.

  Aire = 2 carrés

4. Trouve l'aire totale, en carrés, en encerclant les paires de demi-carrés.

a)

_____ carrés

b)

_____ carrés

c)
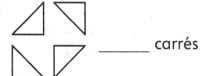
_____ carrés

d)

_____ carrés

5. Trouve l'aire des parties coloriées en comptant les carrés complets et les demi-carrés.

a)
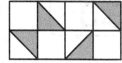
_____ carrés

b)
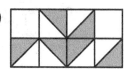
_____ carrés

c)
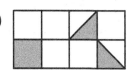
_____ carrés

d)

_____ carrés

6. Trouve l'aire des parties coloriées en comptant les carrés complets et les demi-carrés.

a)
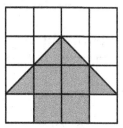
_____ carrés

b)
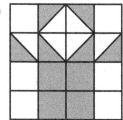
_____ carrés

BONUS ▶
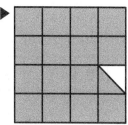
_____ carrés

ME3-14 Horloges numériques

Les **horloges numériques** montrent les heures et les minutes avec deux chiffres. L'horloge numérique indique qu'il s'est écoulé 5 minutes après 3 heures.

Nous disons qu'il est 3:05 ou 3 heures 05.

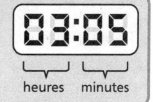

heures   minutes

1. Écris l'heure en chiffres.

a) `02:17`

___2:17___

b) `12:20`

___12:20___

c) `01:03`

___01:03___

2. Écris l'heure en mots et en chiffres.

a) `07:15`

___7 heures 15___
___07:15___

b) `10:20`

___10 heures 20___
___10:20___

c) `01:23`

___1 heures 23___
___01:23___

d) `08:35`

___8 heures 15___
___08:35___

e) `02:40`

___2 heures 40___
___02:40___

f) `06:09`

___6 heures 9___
___06:09___

3. Écris l'heure comme cela apparaît sur une horloge numérique.

a) 7:01

| 0 | 7 | : | 0 | 1 |

b) 4:15

| 0 | 4 | : | 1 | 5 |

c) 3:08

| 0 | 3 | : | 0 | 8 |

d) 9 heures 04

| 0 | 9 | : | 0 | 4 |

e) 12 heures 12

| 1 | 2 | : | 1 | 2 |

f) 11 heures 09

| 1 | 1 | : | 0 | 9 |

g) 2 heures 23

| 0 | 2 | : | 2 | 3 |

h) 6 heures 30

| 0 | 6 | : | 3 | 0 |

i) 2 heures 01

| 0 | 2 | : | 0 | 1 |

ME3-15 Nombres et aiguilles d'une horloge analogique

L'**horloge analogique** montre les nombres de 1 à 12 autour d'un cercle et deux aiguilles différentes.

L'**aiguille des heures** est plus courte.

L'**aiguille des minutes** est plus longue.

aiguille des minutes →

aiguille des heures →

1. Quelle aiguille est coloriée, l'aiguille des heures ou l'aiguille des minutes?

a)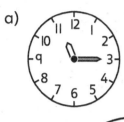

heures   (minutes)

b)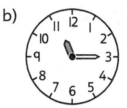

(heures)   minutes

c)

(heures)   minutes

d)

heures   (minutes)

e)

(heures)   minutes

f)

heures   (minutes)

g)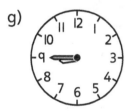

heures   (minutes)

h)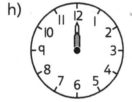

(heures)   minutes

i)

heures   (minutes)

j)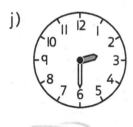

(heures)   minutes

k)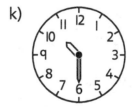

heures   (minutes)

l)

heures   (minutes)

2. En quoi les nombres d'une horloge analogique sont-ils semblables à une droite numérique? En quoi sont-ils différents d'une droite numérique?

L'aiguille des minutes pointe directement vers le 12.
L'aiguille des heures pointe directement vers le 3.
Il est 3 **heures**.

Nous écrivons cette heure comme ceci : 3:00 ou 3h00.

3. Dessine une ligne pour montrer où l'aiguille des heures pointe.
Est-ce l'heure juste? Écris « oui » ou « non ».

a)

4 heures

b)

8 heurs

c)

7 heurs

4. Quelle heure est-il?

a)
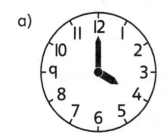

_4_ : 00

4 heures

b)
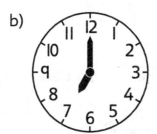

_7_ : 00

7 heures

c)
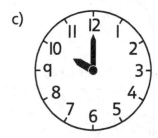

_10_ : 00

10 heures

d)
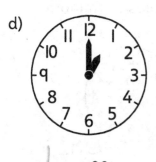

_1_ : 00

1 heure

e)
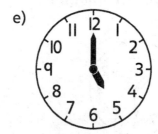

_5_ : 00

5 heurs

f)
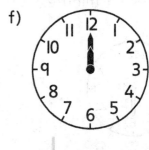

_1_ : 00

1 heure

Les deux aiguilles se déplacent d'un chiffre à l'autre.

Lorsque l'aiguille des heures pointe entre 7 et 8,
il est encore 7 heures.

5. Dessine une ligne à partir de l'aiguille des heures. Écris l'heure.

a)

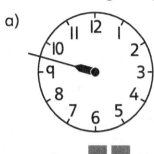

___9___ : ▮▮

b)

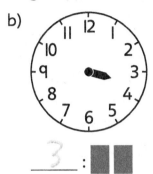

___3___ : ▮▮

c)

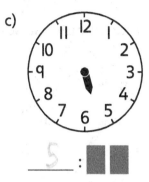

___5___ : ▮▮

6. Encercle l'aiguille des heures et écris l'heure.

a)

___2___ : ▮▮

b)

___6___ : ▮▮

c)

___10___ : ▮▮

d)

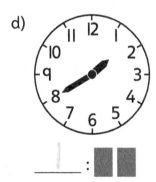

___1___ : ▮▮

e)

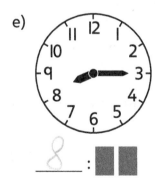

___8___ : ▮▮

f)

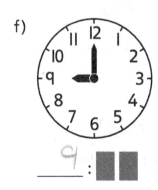

___9___ : ▮▮

BONUS ▶ Il n'y a pas de nombres sur l'horloge! Quelle horloge correspond à l'heure
indiqueé?

A.

B.

a) 5:00 _____

b) 9:00 _____

ME3-16 L'aiguille des minutes

Lorsque l'aiguille des minutes se déplace d'un nombre au suivant, 5 minutes se sont écoulées.

Combien de minutes se sont écoulées après 9:00? Compte par 5.

1. Combien de minutes se sont écoulées après 9:00? Compte par 5.

a)

___25___ minutes

b)

___15___ minutes

c)

___50___ minutes

d)

___35___ minutes

e)

___30___ minutes

f)

___45___ minutes

2. Rob pense qu'il est 9:05 parce que l'aiguille des minutes pointe vers le 5.

Explique son erreur. _____

_____

_____

_____

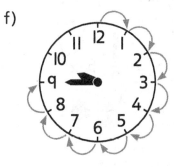

3. Encercle l'aiguille des minutes. Puis compte par 5 pour écrire les minutes.

a)

2 : _30_

b)

8 : _15_

c)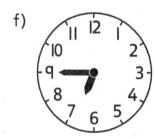

10 : _10_

d)

9 : _00_

e)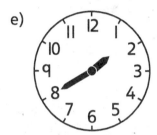

1 : _40_

f)

6 : _45_

g)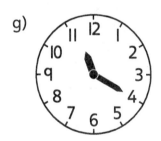

11 : _20_

h)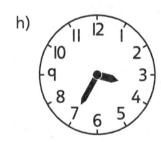

3 : _35_

i)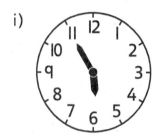

5 : _55_

4. Quelle heure est-il?

a)

12 heures _25_

b)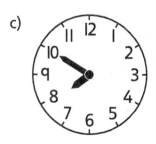

4 heures _5_

c)

7 heures _50_

L'aiguille des minutes pointe vers le 3. Trois fois 5 minutes se sont écoulées après 9:00.

3 × 5 = 15 minutes se sont écoulées. Il est 9:15.

5. Dessine les flèches pour montrer comment l'aiguille des minutes s'est déplacée à partir de 9:00. Ensuite écris l'équation de multiplication.

a)
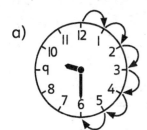

6 × 5 = 30

b)
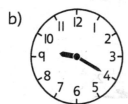

4 × 5 = 20

c)

8 × 5 = 40

d)
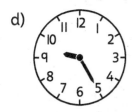

5 × 5 = 25

e)

9 × 5 = 45

f)
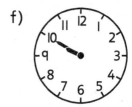

10 × 5 = 50

6. Écris une équation de multiplication pour les minutes qui se sont écoulées après 9:00. Ensuite écris l'heure.

a)

7 × 5 = 35

9 : ___35___

b)

2 × 5 = 10

9 : ___10___

c)

1 × 5 = 5

9 : ___05___

BONUS ▶ L'aiguille des minutes a fait un cercle complet. Combien de minutes se sont écoulées? Comment le sais-tu?

ME3-17 L'heure aux cinq minutes

Quelle heure est-il?

Étape 1 : Regarde l'aiguille des heures. Elle pointe entre
le 4 et le 5. Il est 4 heures.

Étape 2 : Regarde l'aiguille des minutes. Elle pointe vers le 2.
Compte par bonds de 5 ou multiplie par 5 pour trouver
les minutes : 5, 10 ou 2 × 5 = 10.

Le temps est 4:10.

1. Quelle heure est-il?

a)
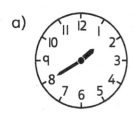

___1___ : __40__

b)

__2__ : _15_

c)

__7__ : _25_

d)
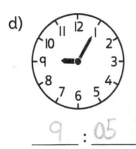

__9__ : _05_

e)

__5__ : _50_

f)

__12__ : _30_

2. Écris l'heure sur l'horloge numérique.

a)

| 0 | 6 | : | 5 | 5 |

b)

| 0 | 3 | : | 0 | 0 |

c)

| 1 | 1 | : | 2 | 0 |

d)
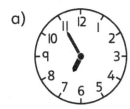

| 0 | 8 | : | 3 | 5 |

e)

| 1 | 0 | : | 1 | 0 |

f)

| 0 | 5 | : | 4 | 5 |

3. Écris l'heure de deux façons.

a)

<u>   6:45   </u>

<u>*six heures*   </u>

<u>*quarante-cinq* </u>

b)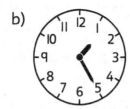

<u> 1:25   </u>

<u>1 heure   </u>

<u>vingt-cinq   </u>

c)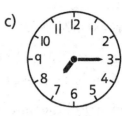

<u> 7:15   </u>

<u>7 heures   </u>

<u>   </u>

d)

_____

_____

_____

e)

_____

_____

_____

f)

_____

_____

_____

g)

_____

_____

_____

h)

_____

_____

_____

i)

_____

_____

_____

BONUS ▶

a) Montre 7:05 sur les horloges analogique et numérique.

b) Écris l'heure en mots.

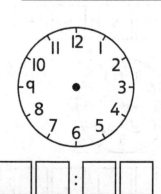

_____

_____

ME3-I8 Demie et quart d'heures

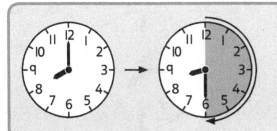

Il est une demi-heure après 8:00.
Il est 8 heures **et demie**.

$6 \times 5 = 30$, alors il est 8:30.

I. Écris l'heure de deux façons.

a)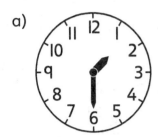

_____I_____ heures et demie

____I____ : _30_

b)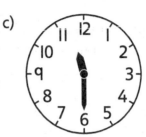

____6____ heures et demie

__6__ : _30_

c)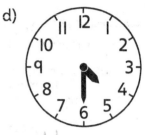

____II____ heures et demie

__II__ : _30_

d)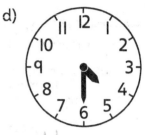

____4____ heures et demie

__4__ : _30_

2. Écris l'heure en nombres.

a) 8 heures et demie   b) 6 heures et demie   c) I0 heures et demie   d) I2 heures et demie

_8:30_   _6:30_   _10:30_   _12:30_

> Certaines horloges numériques ne montrent pas le premier zéro dans les heures. L'heure affichée est 2 heures et demie.   `2:30`

3. Écris l'heure en mots et en chiffres.

a) `7:30`

___7 heures et demie___

b) `9:30`

9 heurs et demie

c) `12:30`

12 heures et demie

d) `1:30`

1 heure et demie

e) `10:30`

10 heures et demie

f) `5:30`

5 heures et demie

4. Quelle fraction du cercle est coloriée?

a)

un quart

b)

une demie

c)

un quart

5. a) Dessine l'aiguille des minutes sur chaque horloge. Combien de minutes se sont écoulées après l'heure? Montre en coloriant.

7:15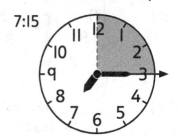

4:15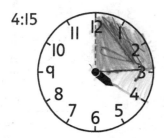

12:15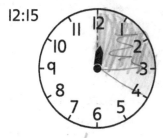

b) Quelle fraction de chaque cercle as-tu coloriée? _un quart_

c) Quelle fraction d'une heure est 15 minutes? _un quart_

Il est un quart d'heure après 7:00 ou 7 heures **et quart**.
$3 \times 5 = 15$, donc il est 7:15.

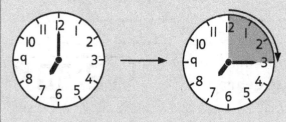

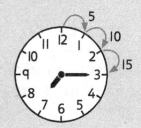

6. Écris l'heure en mots et en nombres. Utilise le mot « quart » dans ta réponse.

a)

4 heures et quart
_4:15_

b)

9 heures et quart
_9:15_

c)

3 heures et quart
_3:15_

7. Écris l'heure en mots. Utilise les mots « demie », « quart » et « heures » quand tu le peux.

a)

_____six heures_____

_____cinquante-cinq_____

b)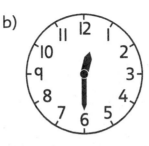

_____midi et demie_____

_____

c)

sept heures et demie

_____

d)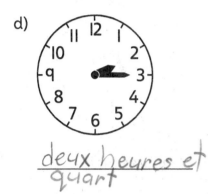

deux heures et quart

_____

e)

trois heures et quarante minute

_____

f)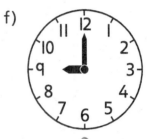

neuf heures

_____

g)

`11:00`

onze heures

_____

h)

`10:35`

dix heures trente cinq minutes

i)

`1:20`

1 heure vingt minutes

j)

`5:15`

Cinq heures et quart

k)

`4:30`

quatre heures et demie

l)

`8:03`

huit heures trois minutes

 **BONUS ▶** Écris l'heure de toutes les façons que tu peux.

a)

b)

c)

ME3-19 Minutes avant l'heure

L'aiguille des heures est entre 6 et 7.

Combien de minutes reste-t-il avant 7 heures?

L'aiguille des minutes est à 9.

Compte par bonds de 5 pour arriver de 12 à 9 : 5, 10, 15.

Il est 7 heures **moins** quart.

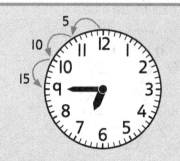

1. Quelle heure est-il?

a)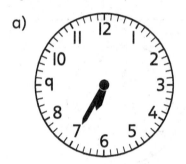

7 heures moins __25__

b)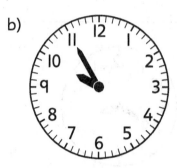

10 heures moins __5__

c)

4 heures moins __35__

d)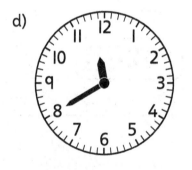

__11__ heures moins __20__

e)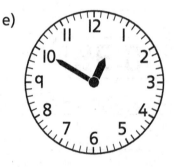

__10__ heures moins __10__

f)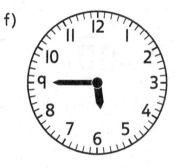

__5__ heures moins __15__

g)

__7__ heures moins __10__

h)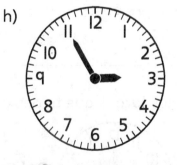

__2__ heures moins __5__

i)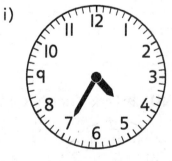

__4__ heures moins __35__

2. Dis l'heure de deux façons, soit l'heure plus les minutes ou l'heure moins les minutes.

a)

___3___ heures et _40_

___3___ heures moins _20_

b)

___2___ heures et _50_

___2___ heures moins _10_

c)

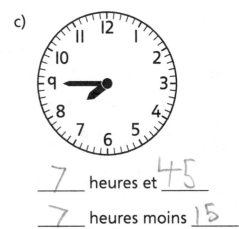

___7___ heures et _45_

___7___ heures moins _15_

d)

___11___ heures et _35_

___11___ heures moins _25_

Il est 4:40. Combien de minutes reste-t-il avant 5 heures?

Il y a 60 minutes dans 1 heure. 40 minutes se sont écoulées après 4:00.

60 − 40 = il reste 20 minutes

Il est 5 heures moins 20.

---

3. Combien de minutes reste-t-il avant 5 heures? Écris l'équation de soustraction.

a) 4:37

60 − _37_

= _23_

b) 4:05

60 − _5_

= _55_

c) 4:50

60 − _50_

= _10_

d) 4:58

60 − _58_

= _2_

e) **4:25**

_35_

f) **4:45**

_15_

g) **4:36**

_24_

h) **4:41**

_19_

4. Écris l'heure de deux façons.

a) **11:58**

_11_ heures et _58_

_11_ heures moins _2_

b) **10:35**

_10_ heures et _35_

_10_ heures moins _25_

c) **5:30**

_5_ heures et _30_

_5_ heures moins _30_

d) **4:16**

_4_ heures et _16_

_4_ heures moins _44_

Trois quarts d'heure se sont écoulés après 4:00. Il reste un quart d'heure avant 5:00.

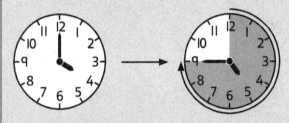 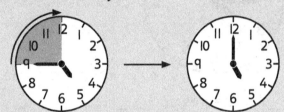

Il est 5 heures **moins quart**.

5. Quelle heure est-il? Utilise « moins quart » dans ta réponse.

a)

1 heure moins quart

b)

9 heures

c)

5 heure moins quart

d) **1:45**

1 heure moin quart

e) **4:45**

4 heure moin quart

f) **7:45**

7 heures moins quart

6. Écris l'heure en mots de toutes les façons que tu peux.

a) 6:12   b) 7:15   c) 3:00   d) 12:45   e) 10:30   f) 2:35

ME3-20 Lignes de temps

Utilise **du matin** pour montrer l'heure de 12:00 (minuit) à 11:59.

Utilise **de l'après-midi** ou **du soir** pour montrer l'heure de 12:00 (midi) à 11:59.

matin   après-midi et soir

Exemples :   Jay se lève à 7:00 du matin.   Jay se couche à 9:15 du soir.

1. Écris « du matin » ou « de l'après-midi » ou « du soir ».

a) Lily prend son petit déjeuner à 7:30 _du matin_.

b) Ray part à l'école à 8:15 _du matin_.

c) L'école se termine à 3:35 _l'après midi_.

d) Le souper est à 5:30 _du soir_.

e) Le cours de karaté commence à 5:45 _du soir_.

2. Écris l'heure. Utilise « du matin » ou « de l'après-midi » ou « du soir ».

a) L'émission de télé du matin commence à

6h45 du matin

_____

b) L'histoire avant de se coucher se termine à

9h55 du soir

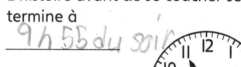

_____

c) Hanna mange son repas du midi à

12h20 de l'après midi

_____

d) Anton arrive à l'école à

8h40 du matin

_____

BONUS ▶

e) 3 heures avant midi est

_____

f) 12 minutes après minuit est

_____

Les **lignes de temps** sont comme des droites numériques pour le temps.
Elles peuvent montrer les heures et les événements en ordre.

3. Remplis les heures manquantes sur la ligne de temps.

a)

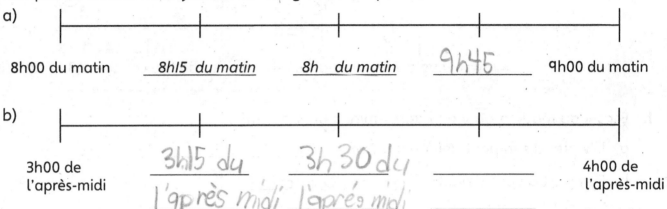

8h00 du matin   _8h15 du matin_   _8h du matin_   _9h45_   9h00 du matin

b)

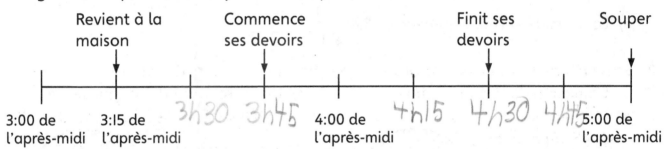

3h00 de
l'après-midi   _3h15 du l'après midi_   _3h 30 du l'après midi_   _____   4h00 de
l'après-midi

4. La ligne de temps montre ce que Jun fait après l'école.

Revient à la maison	Commence ses devoirs			Finit ses devoirs		Souper

3:00 de
l'après-midi   3:15 de
l'après-midi   3h30   3h45   4:00 de
l'après-midi   4h15   4h30   4h45 5:00 de
l'après-midi

a) Utilise la ligne de temps de Jun pour remplir le tableau. Utilise « du matin » et
« de l'après-midi ».

Événement	Heure
Revient à la maison	3h15 de l'après midi
Commence ses devoirs	3h45
Finit ses devoirs	4h30 l'après midi

b) Combien de temps cela lui prend-il pour faire ses devoirs? _45 min_

c) Combien de temps a-t-il après ses devoirs et avant le souper? 4:30 _____

d) Le père de Jun revient à la maison 15 minutes avant le souper. 4:45

À quelle heure le père de Jun revient-il à la maison? _3h_____

Montre l'heure sur la ligne de temps.

ME3-21 Intervalles de temps

| 1 semaine = 7 jours | 1 journée = 24 heures | 1 heure = 60 minutes |

1. Compte par bonds pour remplir le tableau.

a)

Semaines	Jours
1	
2	
3	

b)

Jours	Heures
1	
2	
3	

c)

Heures	Minutes
1	
2	
3	

2. a) La fête de Nina est dans 2 semaines. Dans combien de jours est la fête de Nina? _____

b) Un week-end dure 2 jours. Combien d'heures y a-t-il dans un week-end? _____

3. Un train prend 87 heures pour aller de Toronto à Vancouver. Combien de temps dure le voyage? Encercle la bonne réponse.

entre 2 et 3 jours   entre 3 et 4 jours   entre 4 et 5 jours

4. Un examen dure 90 minutes.

a) L'examen dure-t-il plus d'une heure? _____

b) L'examen dure-t-il plus de 2 heures? _____

5. Ronin promène son chien 3 fois par jour, 20 minutes chaque fois.

a) Combien de minutes promène-t-il son chien chaque jour? _____

b) Combien d'heures promène-t-il son chien chaque jour? _____

c) Combien d'heures promène-t-il son chien chaque semaine? _____

6. Zara fait de l'exercice 40 minutes par jour.

a) Combien de minutes fait-elle de l'exercice par semaine?

Indice : Compte par bonds de 40. _____

b) Un médecin a dit que Zara devrait faire au moins 3 heures d'exercice par semaine. Fait-elle suffisamment d'exercice? _____

7. Multiplie par 7 pour convertir les semaines en jours. Ajoute les jours qui restent.

   a) 2 semaines et 3 jours

   2 semaines = __14__ jours

   2 semaines et 3 jours

   = __14 + 3__ jours

   = __17__ jours

   b) 3 semaines et 2 jours

   3 semaines = __2__ jours

   3 semaines et 2 jours

   = __3+2__ jours

   = __5__ jours

   c) 4 semaines et 5 jours

   4 semaines = __5__ jours

   4 semaines et 5 jours

   = _____ jours

   = __9__ jours

   d) 1 semaine et 5 jours

   = __1+5__ jours

   = __6__ jours

   e) 3 semaines et 6 jours

   = __3+6__ jours

   = __9__ jours

   f) 5 semaines et 1 jour

   = _____ jours

   = _____ jours

BONUS ▶ Encercle les périodes à la question 7 qui ont plus d'un mois.

8. Change les heures en minutes. Ajoute les minutes qui restent.

   a) 2 heures 3 minutes

   = __120 + 3__ minutes

   = __123__ minutes

   b) 3 heures 20 minutes

   = _____ minutes

   = _____ minutes

   c) 4 heures 15 minutes

   = _____ minutes

   = _____ minutes

   d) 1 heure 55 minutes

   e) 3 heures 30 minutes

   f) 5 heures 1 minute

9. Tom lit un livre en 1 heure 45 minutes. Kathy lit un livre en 115 minutes.
   Qui a passé le plus de temps à lire et combien de temps de plus?

10. Il y a 52 semaines dans 1 année.

    a) Iva a exactement 2 ans. De combien de semaines Iva est-elle âgée?

    b) Lewis a 42 semaines. Nora a 30 semaines de plus que Lewis.
       Qui est plus âgée : Nora ou Iva? Explique.

    c) Marcel a 6 semaines de moins qu'Iva. Qui est plus âgé, Nora ou Marcel?
       Explique.

11. Une décennie dure 10 ans, un siècle 100 ans et un millénaire 1000 ans.
    Si un bloc d'unités représente un an, que représentent les autres
    blocs de base dix?

La mesure 3-21

ME3-22 Unités de temps

1 minute = 60 secondes

1. a) Remplis le tableau.

Minutes	1	2	3	4	5	6
Secondes	60					

b) Ava court pendant 3 minutes. Pendant combien de secondes court-elle? _____

2. Change les minutes en secondes. Ajoute les secondes qui restent.

a) 2 minutes 7 secondes

= __120 + 7__ secondes

= __127__ secondes

b) 3 minutes 40 secondes

= _____ secondes

= _____ secondes

c) 4 minutes 23 secondes

= _____ secondes

= _____ secondes

d) 1 minute 57 secondes

= _____ secondes

= _____ secondes

e) 6 minutes 10 secondes

= _____ secondes

= _____ secondes

f) 5 minutes 5 secondes

= _____ secondes

= _____ secondes

3. Bill peut courir 500 m en 1 minute 50 secondes. Ethan peut courir 500 m en 103 secondes. Qui court 500 m le plus rapidement? _____

4. Quelle unité de temps utiliserais-tu dans la réponse? Choisis entre les secondes, les minutes, les heures, les jours, les mois et les années.

a) Combien de temps dure ton émission de télé préférée? _____

b) Quel âge as-tu? _____

c) Combien de temps dure une journée d'école? _____

d) Combien cela te prend-il pour courir 100 m? _____

e) Combien de temps dure la relâche? _____

f) Combien de temps durent les vacances d'été? _____

g) Depuis combien de temps le Nunavut est-il devenu un territoire? _____

h) Combien de temps cela te prend-il pour faire 10 sauts avec écart? _____

i) Combien de temps dure la moitié d'un match de soccer? _____

5. Les activités ci-dessous durent-elles plus ou moins d'une minute?

a) le petit déjeuner

_____

b) cligner de l'œil 10 fois

_____

c) se brosser les dents

_____

d) arroser une plante

_____

e) aller à l'école

_____

f) une partie de hockey

_____

6. Les activités ci-dessous durent-elles plus ou moins d'une heure?

a) le repas du midi

_____

b) une nuit de sommeil

_____

c) se brosser les dents

_____

d) faire son lit

_____

e) s'habiller

_____

f) une journée d'école

_____

7. Utilise un calendrier pour remplir les tableaux.

Mois	Nombre de jours
janvier	
février	
mars	
avril	

Mois	Nombre de jours
mai	
juin	
juillet	
août	

Mois	Nombre de jours
septembre	
octobre	
novembre	
décembre	

8. a) L'anniversaire de Jennifer est le 23 juillet. L'anniversaire de Luc tombe 10 jours après celui de Jennifer. À quelle date l'anniversaire de Luc tombe-t-il?

b) La fête de Kate est le 20 avril. La fête de Glen tombe 2 semaines plus tard. À quelle date la fête de Glen tombe-t-elle?

c) La fête de Sandy tombe 3 semaines avant celle de Kate. À quelle date l'anniversaire de Sandy tombe-t-il?

BONUS ▶ Cela prend environ 15 minutes pour marcher 1 km.

a) Marcher 5 km prendra-t-il moins, environ ou plus d'une heure?

b) Environ combien de kilomètres peux-tu marcher en une heure?

ME3-23 Capacité

1. Encercle la bouteille qui contient le plus de liquide.

a)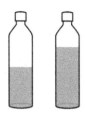

b)

c)

2. Encercle le verre qui contient le moins de liquide.

a)

b)

c)

3. Encercle le contenant qui contient le plus de liquide.

a)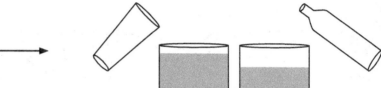

b)

c)

BONUS ▶ Encercle le contenant qui contient le plus de liquide.

  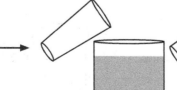  

---

4. Encercle le contenant qui contient le plus.

a)

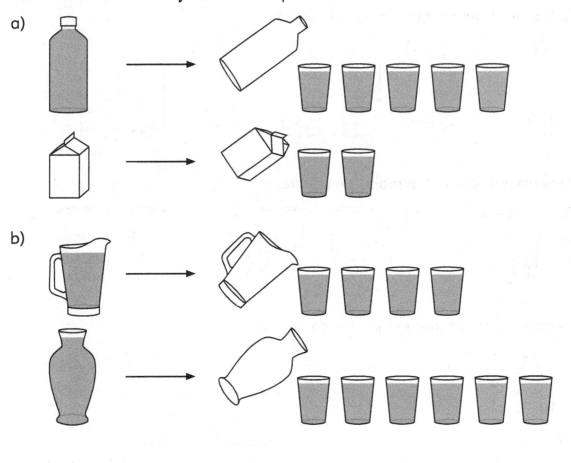

b)

5. Encercle le contenant qui contient le moins.

a)

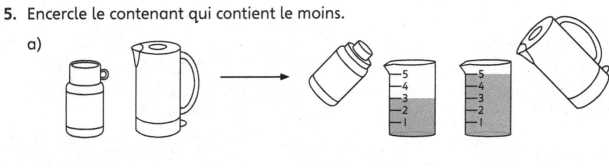

b)

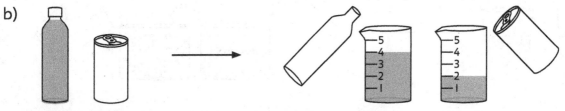

BONUS ▶ Encercle le contenant qui contient le plus.

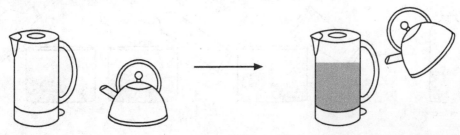

La **capacité** d'un contenant désigne ce qu'il peut contenir.

6. Encercle le contenant qui a la plus grande capacité.

a)

b)

c)

La capacité est mesurée en **litres**. Nous écrivons I **L** pour I litre.

Un grand carton mince contient I L de lait ou de jus.

7. Un carton de lait a une capacité de I L. Estime la capacité de l'autre contenant.

a)

b)

c)

Capacité = _____ L   Capacité = _____ L   Capacité = _____ L

Le **volume** d'un liquide désigne l'espace que ce liquide occupe.

Le contenant a une capacité de 3 L.

Le volume de l'eau dans le contenant est de 2 L.

8. Trouve la capacité du contenant et le volume du liquide.

a)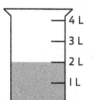

b)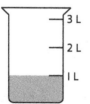

c)

Capacité = _____ L   Capacité = _____ L   Capacité = _____ L

Volume = _____ L   Volume = _____ L   Volume = _____ L

9. Estime la capacité en litres. Utilise une bouteille de I L pour mesurer la capacité.

a) un seau   b) une grande cruche

c) un grand carton de lait   d) un contenant de ton choix

ME3-24 Fractions d'un litre

1. Trace des lignes pour relier les contenants qui ont à peu près la même capacité.

> 2 moitiés font I tout.
>
> 2 contenants de $\frac{1}{2}$ L remplissent un contenant de I L.
>
>

2. Jasmine a un carton de lait de I L. Elle remplit des cartons de $\frac{1}{2}$ L au moyen du lait provenant du carton de I L. Remplis le tableau.

Tous les petits cartons sont-ils pleins?	*oui*		
Reste-t-il de la place dans les petits cartons?	*non*		
Reste-t-il du lait dans cartons de I L?	*oui*		

3. Eddy a un carton de jus de I L. Il essaie de remplir 2 contenants avec le jus provenant du carton. Écris ✓ pour indiquer ce qui est vrai.

a) ☐ bouteilles pleines

☐ reste du jus dans le carton

b) ☐ bouteilles pleines

☐ reste du jus dans le carton

c) ☐ contenants pleins

☐ reste du jus dans le carton

4. Encercle les contenants qui ont une capacité d'environ un demi-litre.

5. Classe les contenants par capacité, du plus petit (ler) au plus grand (3e).
Écris « ler », « 2e » et « 3e ».

a)

Contenant	Capacité	Ordre
petite bouteille d'eau	$\frac{1}{2}$ L	
contenant de peinture	4 L	
grand carton de lait	1 L	

b)

Contenant	Capacité	Ordre
seau	8 L	
cannette de boisson gazeuse	$\frac{1}{2}$ L	
grand carton de jus	2 L	

---

4 quarts ou 4 quatrièmes font 1 tout.

Un verre a une capacité de $\frac{1}{4}$ L. 4 verres de $\frac{1}{4}$ L remplissent un contenant de 1 L.

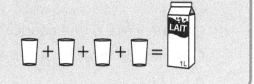

---

6. Chaque petit contenant a une capacité d'un quart de litre. Associe l'image à la description.

A.

B.

C.

a) moins de 1 L _____

b) exactement 1 L _____

c) plus de 1 L _____

---

7. Classe les contenants par capacité, du plus grand (ler) au plus petit (6e).

$\frac{1}{2}$ L   1 L   4 L $\frac{1}{4}$ L   2 L   20 L

_____   _____   _____   _____   _____   _____

---

8. Tess a un carton de jus de 1 L. Elle essaie de remplir 4 contenants avec le jus du carton. Écris ✓ pour indiquer ce qui est vrai.

a)

✓ verres pleins

☐ reste du jus dans le carton

b)

☐ bouteilles pleines

☐ reste du jus dans le carton

c)

☐ contenants pleins

☐ reste du jus dans le carton

9. Encercle les contenants qui ont une capacité d'environ un quart de litre.

10. a) Quelle fraction de l'ensemble des verres est pleine?

A.    **B.**    **C.**

   b) Chaque verre a une capacité de $\frac{1}{4}$ L.
   Combien de litres les 4 verres peuvent-ils contenir ensemble?

   A : ___I L___   B : _____   C : _____

   c) Quel est le volume total de jus de chaque ensemble?

   A : $\frac{1}{4}$ L   B :   C :

11. Trouve la capacité du contenant et le volume du jus.

a)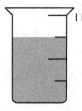

Capacité = ___I L___

Volume = $\frac{3}{4}$ L

b)

Capacité = _____

Volume =

c)

Capacité = _____

Volume =

d)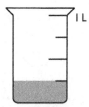

Capacité = _____

Volume =

e)

Capacité = _____

Volume =

f)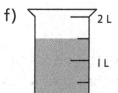

Capacité = _____

Volume =

12. Choisis un contenant pouvant contenir moins de I L. Estime et mesure sa capacité en fractions de litre.

ME3-25 Masse

La **masse** désigne la quantité de matière que contient un objet.

Plus un objet est lourd, plus sa masse est grande.

1. Encercle l'objet qui a la masse la plus grande.

a)

b)

c)

2. Encercle l'objet qui a la masse la plus petite.

a)

b)

c)

On utilise une balance pour trouver si deux objets ont la même masse.

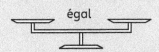 égal

plus léger

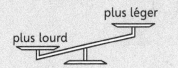 plus lourd

3. Encercle l'objet le plus lourd.

a)

b)

c)

d)

e)

f)

4. Encercle l'objet le plus léger.

a)   b)   c)

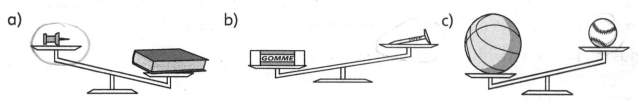

5. Encercle l'objet le plus lourd. Indice : Utilise ce que la balance t'indique.

a)   b)

c)   d)

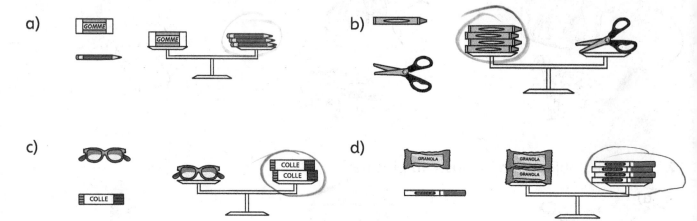

6. Encercle l'objet le plus lourd. Indice : Utilise ce que la balance t'indique.

a)

b)

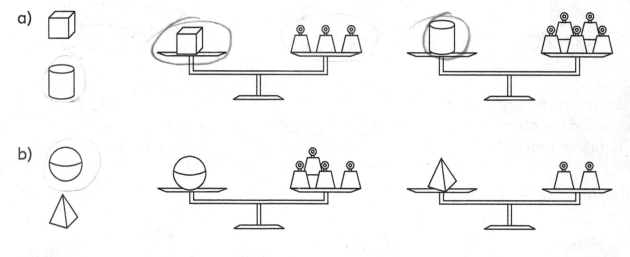

BONUS ▶ Encercle l'objet le plus lourd.

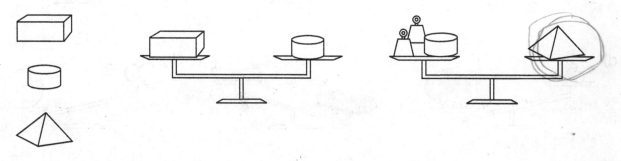

ME3-26 Grammes et kilogrammes

La masse des petits objets peut être mesurée en **grammes**.

Écris **1 g** pour 1 gramme. Un gros trombone pèse à peu près 1 g.

 1 g

1. Encercle les objets dont la masse est d'environ 1 g.

2. Trace des lignes pour relier les objets qui pèsent à peu près la même chose.

Une balle de tennis pèse environ 50 g.   Une petite pomme de terre pèse à peu près 100 g.

3. Encercle les objets qui ont une masse de 100 g ou plus.
   Fais un ✗ sur les objets qui ont une masse de moins de 50 g.

4. Quelle est la masse de l'objet?

a)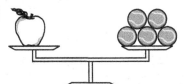

Masse de la pomme :

environ _250_ g

b)

Masse du poisson :

environ _400_ g

c)

Masse d'une mitaine :

environ _50_ g

On utilise une **balance à plateaux** pour mesurer une masse.

5. Estime la masse des objets en grammes. Utilise une balance à plateaux pour mesurer la masse.

a) une pièce de 25 cents

Estimation : 10 g

Masse : 6 g

b) de gros ciseaux

Estimation : 35 g

Masse : 52 g

c) une calculatrice

Estimation : _____

Masse : _____

d) un cahier d'exercices

Estimation : 2 g

Masse : 60 g

e) un objet de ton choix : _____

Estimation : 50 g

Masse : 100 g

Nous mesurons la masse des gros objets en **kilogrammes**.

Écris **I kg** pour I kilogramme. Un grand carton de lait mince a une masse de I kg.

6. Encercle les objets dont la masse est d'environ I kg.

7. Estime la masse des objets en kilogrammes. Utilise une balance à plateaux pour mesurer la masse.

a) une pile de livres

Estimation : _____

Masse : _____

b) un sac à dos

Estimation : _____

Masse : _____

c) un élève

Estimation : _____

Masse : _____

d) un ordinateur portatif

Estimation : _____

Masse : _____

e) un objet de ton choix : _____

Estimation : _____

Masse : _____

I kg = 1000 g

8. Encercle la masse la plus grande.

a) 300 g   3 kg

b) I kg   999 g

c) 1000 g   10 kg

9. Encercle la meilleure unité pour mesurer la masse de l'objet.

a)

    g   (kg)

b)

    (g)   kg

c)

    (g)   kg

d)

    g   (kg)

10. Écris la masse qui manque pour faire en sorte que la balance soit en équilibre.

a)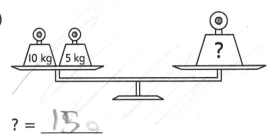

   ? = **15 g**

b)

   ? = **6 g**

11. Encercle la meilleure estimation de la masse de l'objet.

a)

   (100 g)   100 kg

b)

   800 g   (800 kg)

c)

   (10 g)   10 kg

d)

   3 g   (3 kg)

e) 1 capuchon de stylo   f) 2 ballons   g) 4 pommes   h) 3 pépites de chocolat

   (1 g) 1 kg   1 g (1 kg)   1 g (1 kg)   (1 g) 1 kg

12. Ordonne les animaux, du plus lourd au plus léger.

750 kg, 110 kg, 50 g 4 kg

Animal	Masse
Ours noir	110 kg
Tamia rayé	50 g
Saumon du Pacifique	4 kg
Macareux moine	750 g

13. Megan et Lewis ont fait chacun une tour en cubes.

   a) Lewis croit que parce que la tour de Megan est plus haute, sa masse est plus grande. A-t-il raison? Explique.   **Non**

   b) La tour de Megan pèse 18 g. Combien la tour de Lewis pèse-t-elle? Explique.

la tour de Megan

la tour de Lewis

ME3-27 Les problèmes écrits de masse

1. La barre de céréales de Mandy contient 3 g de protéines.

   Combien de protéines y a-t-il dans 6 barres de céréales? _____

2. Un raisin pèse 6 g.

   a) Quelle est la masse de 4 raisins? _____

   b) Quelle est la masse de 10 raisins? _____

   BONUS ▶ Quelle est la masse de 100 raisins? _____

3. Un camion de livraison contient 5 boîtes. Toutes les boîtes ont le même poids.
   La masse totale des boîtes est de 35 kg.

   Quelle est la masse de chaque boîte? _____

4. Don empile sur un chariot des boîtes dont les masses sont de 54 kg, 32 kg, 26 kg et 75 kg.

   a) Quelle est la masse totale des boîtes? _____

   b) Le chariot peut supporter un maximum de 200 kg. Quelle serait la masse maximum
      de la boîte que Don pourrait ajouter sur le chariot? _____

5. John, Sun, Mike et Yu équilibrent une balançoire à bascule.
   John pèse 28 kg. Sun pèse 23 kg. Mike pèse 27 kg.
   Combien Yu pèse-t-elle? Montre tes calculs.

6. Cam fait un voyage en avion. Les bagages sont transportés gratuitement
   s'ils pèsent 23 kg ou moins. Les bagages de Cam pèsent 27 kg.

   a) De combien les bagages de Cam dépassent-ils la limite? _____

   b) L'entreprise exige 20 dollars pour chaque kilogramme au-dessus
      de 23 kg. Combien Cam devra-t-il payer pour ses bagages? _____

7. Un sac de ciment pèse 25 kg.

a) Combien pèsent 2 sacs de ciment? _____

b) Combien pèsent 4 sacs de ciment? _____

c) Combien pèsent 8 sacs de ciment? _____

8. Environ 32 lentilles pèsent 8 g.

a) Combien pèsent 64 lentilles? _____

b) Combien pèsent 16 lentilles? _____

c) Combien faut-il de lentilles pour faire 1 g? _____

BONUS ▶ Combien faut-il de lentilles pour faire 100 g? _____

9. La masse de 200 fourmis est de 1 g.

a) Combien de fourmis auraient ensemble une masse de 2 g?

b) Combien de fourmis auraient ensemble une masse de 3 g?

BONUS ▶ Quelle est la masse de 800 fourmis?

10.

Animal	Masse de l'animal	Masse de nourriture par jour
Gerbille	85 g	10 g
Hamster	195 g	20 g
Souris	40 g	5 g
Campagnol des champs	44 g	24 g

a) Combien de nourriture un hamster consomme-t-il en 3 jours?

b) Combien de nourriture une gerbille consomme-t-elle en 1 semaine?

c) Lynn a 27 grammes de nourriture à souris. A-t-elle suffisamment de nourriture pour nourrir sa souris pendant 5 jours? Indique comment tu le sais.

d) De combien une gerbille est-elle plus lourde qu'un campagnol? Combien de nourriture un campagnol mange-t-il de plus qu'une gerbille en 2 jours?

e) Quelle est la masse d'une souris? Combien faut-il de jours à une souris pour consommer une masse de nourriture égale à sa masse?

11. Jen dit que son chien pèse 10 L. A-t-elle raison? Explique.

ME3-28 Fractions d'un kilogramme

I. Est-ce que 2 des éléments indiqués auraient une masse d'environ I kg?
Écris « oui » ou « non ».

    a) pomme _____   b) ballon de soccer _____   c) cahier de JUMP Math _____

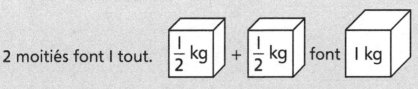

2 moitiés font I tout. $\frac{1}{2}$ kg + $\frac{1}{2}$ kg font I kg

2. Encercle les objets qui pèsent environ un demi-kilogramme.
Fais un **X** sur les objets qui ont une masse de plus de I kg.

3. Est-ce que 4 des éléments indiqués auraient une masse d'environ I kg?
Écris « oui » ou « non ».

    a) pomme _____   b) ballon de soccer _____   c) tasse d'eau _____

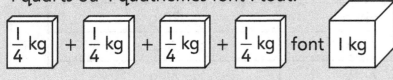

4 quarts ou 4 quatrièmes font I tout.

$\frac{1}{4}$ kg + $\frac{1}{4}$ kg + $\frac{1}{4}$ kg + $\frac{1}{4}$ kg font I kg

4. Encercle les objets qui pèsent environ un quart de kilogramme.
Fais un **X** sur les objets qui pèsent moins d'un quart de kilogramme.

5. La balance sera-t-elle en équilibre? Écris « oui » ou « non ».

    a)   b)   c)

  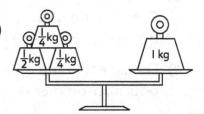

_____   _____   _____

6. Écris les nombres qui manquent.

   a) 6 est le double de ___3___ , alors ___3___ est la moitié de 6.

   b) 8 est le double de _____ , alors _____ est la moitié de 8.

   c) 10 est le double de _____ , alors _____ est la moitié de 10.

   d) 100 est le double de _____ , alors _____ est la moitié de 100.

   e) 1000 est le double de _____ , alors _____ est la moitié de 1000.

   f) 1 kg = 1000 g, alors la moitié de 1 kg = _____ g.

1 kg = 1000 g	$\frac{1}{2}$ kg = 500 g	$\frac{1}{4}$ kg = 250 g	$\frac{3}{4}$ kg = 750 g

7. Leila a mesuré la masse de l'objet. Environ quelle fraction d'un kilogramme l'objet pèse-t-il?

   a) tomate   225 g $\boxed{\frac{1}{4}\,kg}$

   b) livre   496 g $\boxed{}$

   c) melon d'eau   770 g $\boxed{}$

   d) bouteille d'eau   523 g $\boxed{}$

   e) téléphone   241 g $\boxed{}$

   f) aviron   729 g $\boxed{}$

8. Estime la masse en fraction d'un kilogramme. Mesure la masse.

   a) un livre

   Estimation :

   Masse :

   b) une pomme

   Estimation :

   Masse :

   c) une chaussure

   Estimation :

   Masse :

   d) une bouteille d'eau

   Estimation :

   Masse :

   e) un objet de ton choix : _____

   Estimation :

   Masse :

9. Nomme un objet qui a la masse indiquée.

   a) environ $\frac{1}{4}$ kg

   b) environ $\frac{1}{2}$ kg

   c) environ $\frac{3}{4}$ kg

ME3-29 Température

Nous utilisons un **thermomètre** pour savoir jusqu'à quel point un objet est chaud ou froid. Plus un objet est chaud, plus sa **température** est élevée.

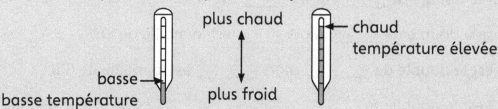

1. Encercle le verre dont l'eau est la plus chaude.

a) 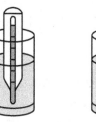   b)    c)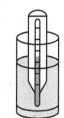

2. Encercle le thermomètre qui indique la température la plus basse.

a) 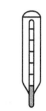   b) 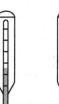   **BONUS ▶**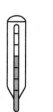

Au Canada, nous mesurons la température en **degrés Celsius**.

Un thermomètre indique chaque degré au moyen d'une ligne.
Le thermomètre à droite indique 50 degrés Celsius.

Écris **50 °C** pour 50 degrés Celsius.

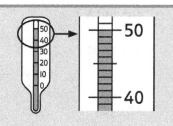

3. L'image illustre une partie d'un thermomètre. Quelle température le thermomètre indique-t-il?

a) 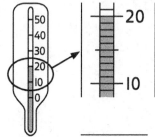   b) 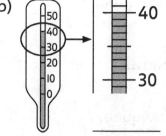   c)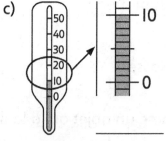

Compte vers le haut les degrés à partir du dernier multiple de 10 jusqu'au niveau de la couleur.

La couleur atteint 3 degrés au-dessus de 40 °C.
Le thermomètre indique 43 °C.

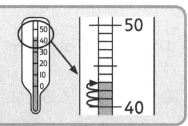

4. L'image montre une partie d'un thermomètre. Quelle température le thermomètre indique-t-il?

a)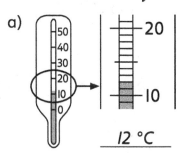

_12 °C_

b)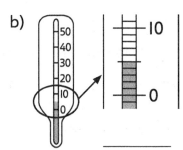

_____

c)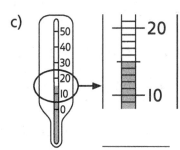

_____

d)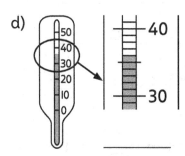

_____

e)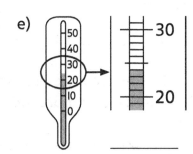

_____

f)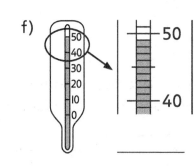

_____

Les températures de l'eau et de l'air semblent différentes.

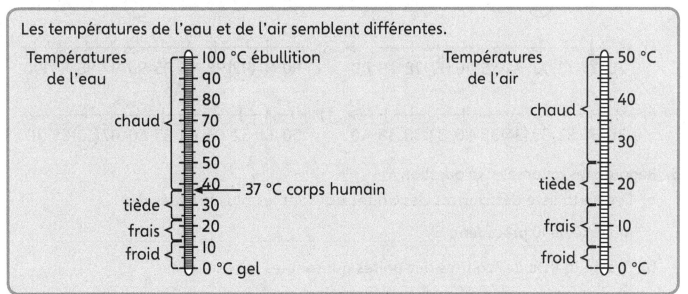

5. a) Estime la température dans ta classe. Mesure la température.

b) Verse de l'eau dans un verre. Estime sa température. Mesure la température de l'eau.

NS3-71 Arrondir aux dizaines

Les multiples de 10 sont les nombres que tu dis lorsque tu comptes par bonds de 10 à partir de 0.

0, 10, 20, 30, 40, 50, 60, 70, 80, 90, 100, et ainsi de suite.

1. Trouve le multiple de 10 qui vient après le nombre indiqué.

a) 23, _30_ b) 64, ____ c) 78, ____ **BONUS ▶** 101, ____

2. Trouve le multiple de 10 qui vient avant le nombre indiqué.

a) _40_, 46 b) ____, 85 c) ____, 22 **BONUS ▶** ____, 109

3. Trouve les multiples de 10 qui viennent avant et après le nombre indiqué.

a) _40_, 43, _50_ b) ____, 67, ____ c) ____, 18, ____

d) ____, 71, ____ e) ____, 7, ____ f) ____, 35, ____

4. Dessine une flèche pour indiquer si le nombre encerclé est plus proche du multiple de 10 qui vient avant ou après le nombre indiqué.

a) ←
10 11 12 (13) 14 15 16 17 18 19 **20**

b) **40** 41 42 43 44 45 (46) 47 48 49 **50**

c) **70** 71 72 73 74 75 76 (77) 78 79 **80**

d) **90** 91 (92) 93 94 95 96 97 98 99 **100**

e) **30** 31 32 33 (34) 35 36 37 38 39 **40**

f) **60** 61 62 63 64 65 66 67 (68) 69 **70**

5. Regarde tes réponses à la question 4.

a) Dresse la liste des chiffres des unités qui sont les plus proches du multiple de 10 **précédent**. ____________________

b) Dresse la liste des chiffres des unités qui sont les plus proches du multiple de 10 **suivant**. ____________________

c) Pourquoi les nombres dont le chiffre des unités est un 5 correspondent-ils à des cas spéciaux?

____

Lorsque tu **arrondis** au multiple de 10 le plus proche,

- si le chiffre des unités est 1, 2, 3 ou 4, **arrondis vers le bas** jusqu'au multiple de 10 précédent;

- si le chiffre des unités est 5, 6, 7, 8 ou 9, **arrondis vers le haut** jusqu'au multiple de 10 suivant.

Par exemple : 53 s'arrondit à 50. 47 s'arrondit à 50.

6. Arrondis au multiple de 10 le plus proche. Encercle la réponse.

a) 58 est arrondi à   50   ou   (60)   b) 32 est arrondi à   30   ou   40

c) 64 est arrondi à   60   ou 70   d) 21 est arrondi à   20   ou   30

e) 77 est arrondi à   70   ou   80   f) 25 est arrondi à   20   ou   30

7. Trouve le multiple de 10 précédent et suivant. Auquel arrondirais-tu le nombre? Encercle-le.

a) 27   _20_ ou _(30)_   b) 43 _____ ou _____

c) 89 _____ ou _____   d) 65 _____ ou _____

e) 14 _____ ou _____   f) 7 _____ ou _____

8. Arrondis à la dizaine la plus proche.

a) 62 | 60 | b) 47 | |

c) 39 | | d) 21 | |

9. Simon a 87 cartes de baseball. Arrondi à la dizaine la plus proche, combien de cartes de baseball a-t-il? _____

10. La mère de Tessa a travaillé 43 heures la semaine dernière. Arrondi à la dizaine la plus proche, combien d'heures a-t-elle travaillées? _____

11. Jack a ramassé 76 cerises pour son panier. Arrondi à la dizaine la plus proche, combien de cerises a-t-il ramassées? _____

RAPPEL ▶ Pour arrondir à la dizaine la plus proche, tu regardes le chiffre des unités.

Arrondis vers le bas si le chiffre des unités est 1, 2, 3 ou 4.

Arrondis vers le haut si le chiffre des unités est 5, 6, 7, 8 ou 9.

Par exemple : 84 s'arrondit à 80. 27 s'arrondit à 30.

1. Arrondis à la dizaine la plus proche.

a) 14 ☐   b) 28 ☐   c) 72 ☐

d) 39 ☐   e) 17 ☐   f) 45 ☐

2. Arrondis à la dizaine la plus proche, puis additionne ou soustrais.

```
a)    52  →  | 50 |      b)    19  →  |    |      c)    47  →  |    |
   + 34  →  +| 30 |         + 65  →  +|    |         − 34  →  −|    |
   ─────    ──────         ─────    ──────         ─────    ──────
            | 80 |                  |    |                  |    |
```

Lorsque tu arrondis des nombres à la dizaine la plus proche, puis que tu calcules, tu **estimes** la réponse.

3. Estime en arrondissant chaque nombre à la dizaine la plus proche.

a) 32 + 28

    _30 + 30 = 60_

b) 74 − 33

    _____

c) 39 + 25

    _____

d) 59 − 41

    _____

e) 37 + 28

    _____

f) 68 − 29

    _____

BONUS ▶

g) 23 + 37 + 17

    _____

h) 59 − 21 + 48

    _____

i) 48 − 21 − 12

    _____

4. Des élèves recueillent des manteaux qui leur sont donnés. Arrondis chaque nombre à la dizaine la plus proche. Additionne ensuite pour estimer la réponse.

a) Cody a recueilli 34 manteaux et Ava en a recueilli 23. Combien de manteaux ont-elles recueillis en tout?

b) Shelly a recueilli 86 manteaux et Jin en a recueilli 18. Combien de manteaux ont-elles recueillis en tout?

5. Des élèves ont recueilli des livres afin d'amasser des fonds pour un organisme de charité. Arrondis chaque nombre à la dizaine la plus proche pour estimer la différence entre les nombres de livres recueillis.

a) Nina a recueilli 58 livres. David a recueilli 43 livres.

b) Marcel a recueilli 84 livres. Alexa a recueilli 72 livres.

6. Kathy a apporté 46 muffins à l'école pour une vente de pâtisseries. Josh a apporté 37 muffins. Estime le nombre total de muffins en arrondissant chaque nombre à la dizaine la plus proche.

7. Il y a 76 voitures stationnées dans le stationnement avant de l'aréna. Il y a 39 voitures stationnées dans le stationnement arrière. Arrondis chaque nombre à la dizaine la plus proche pour estimer combien de voitures il y a de plus dans le stationnement avant par rapport au stationnement arrière.

8. Lors d'une collecte d'aliments, la classe de Sandy a apporté le nombre de boîtes de conserve indiqué dans le tableau. Arrondis chaque nombre à la dizaine la plus proche pour estimer le nombre total de boîtes de conserve apporté au cours de la semaine.

lundi	mardi	mercredi	jeudi	vendredi
19	21	11	28	14

9. Le père de Eddy fait 19 km chaque jour pour se rendre au travail et revenir à la maison. Estime la distance totale qu'il fait du lundi au vendredi en te servant d'une addition.

BONUS ▶ Fais une multiplication pour estimer la distance totale qu'il parcourt en une semaine.

NS3-73 L'estimation des quantités

> Tu peux estimer le nombre de points dans la figure en comptant le nombre de groupes de 10.
>
> Le premier groupe de 10 est appelé un **référent**.
>
> Il y a environ trois autres groupes avec le même nombre de points que le référent.
>
> Tu peux donc estimer que la figure comporte environ 4 × 10 = 40 points.

1. En utilisant 10 comme référent, détermine les autres groupes. Estime le nombre de carrés dans la figure.

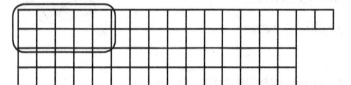

Le nombre de carrés est d'environ

_____ × 10 = _____

2. Dix bonbons sont coloriés. Utilise le référent colorié pour estimer le nombre de bonbons dans le pot.

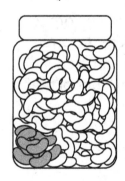

Le nombre de bonbons est d'environ

_____ × 10 = _____

3. Dix bâtonnets sont coloriés. Utilise le référent colorié pour estimer le nombre total de bâtonnets.

Le nombre de bâtonnets est d'environ

_____ × 10 = _____

Lorsqu'un groupe comporte plus de 100 éléments, utilise 100 comme référent au lieu de 10.

100 points sont encerclés dans l'image.

Sara encercle 4 autres groupes d'environ 100 points. Elle estime que l'image comporte environ 5 × 100 = 500 points.

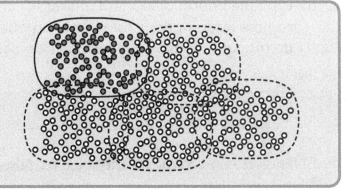

4. En te servant de 100 comme référent, estime le nombre total de bâtonnets.

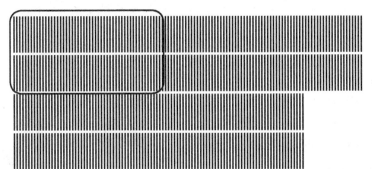

Le nombre de bâtonnets est d'environ

_____ × 100 = _____

5. En te servant de 100 comme référent, estime le nombre total d'étoiles.

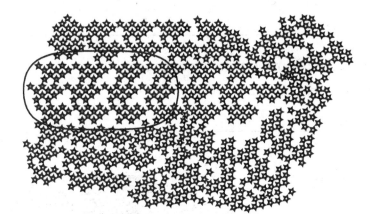

Le nombre d'étoiles est d'environ

_____ × 100 = _____

6. Encercle environ 100 points. Utilise le cercle comme référent pour compter le nombre total de points.

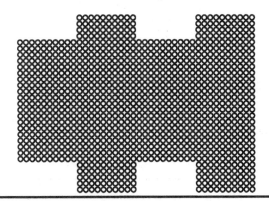

Le nombre de points est d'environ

_____ × 100 = _____

7. a) Explique pourquoi le fait d'utiliser 10 comme référent pour compter le nombre de triangles dans l'image est un bon choix.

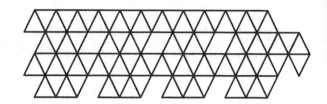

_____

_____

   b) Encercle un groupe de triangles à utiliser comme référent.

   c) Encercle la meilleure estimation du nombre total de triangles.

   8   800   80

8. Edmond veut estimer le nombre de participants à une course. Il prend une photo en plongée de tous les participants. Il pense qu'il y a au moins 500 personnes qui participent à la course.

   a) Environ combien de personnes devraient être encerclées dans la photo pour servir de référent? Explique ta réponse.

_____

   b) Il encercle 9 groupes de personnes en tout. Combien de personnes participent à la course? Explique ta réponse.

_____

9. Dory veut estimer le nombre de personnes qui assistent à la partie de football de son école. Elle prend une photo des estrades. Elle pense qu'il y a moins de 100 personnes assises dans les estrades.

   a) Environ combien de personnes devraient être encerclées dans la photo pour servir de référent? Explique ta réponse.

_____

   b) Elle encercle 7 groupes de personnes en tout. Combien de personnes environ se trouvent dans les estrades? Explique ta réponse.

_____

Valeur de position : unités, dizaines, centaines et unités de mille

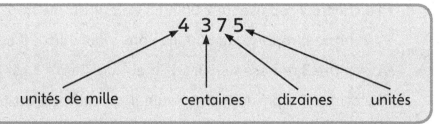

La valeur de position à la gauche des centaines est l'**unité de mille**.

4 3 7 5

unités de mille   centaines   dizaines   unités

I. Écris la valeur de position du chiffre souligné.

a) 3 5<u>6</u>4   _dizaines_   b) I <u>3</u>36   _____

c) 25<u>6</u>   _____   d) <u>I</u> 230   _____

e) <u>3</u> 859   _____   f) 5 <u>7</u>45   _____

2. Souligne le chiffre 3, puis écris sa valeur de position.

a) <u>3</u> 640   _unités de mille_   b) 347   _____

c) 431   _____   d) 2 413   _____

e) I 237   _____   f) 3 645   _____

RAPPEL ▶ Tu peux aussi écrire des nombres en utilisant un tableau de valeur de position. Par exemple : 4 375

Unités de mille	Centaines	Dizaines	Unités
4	3	7	5

3. Écris le nombre dans le tableau de valeur de position.

		Unités de mille	Centaines	Dizaines	Unités
a)	3 287	3	2	8	7
b)	9 021				
c)	485				
d)	36				
e)	3 221				
f)	5 602				

Le nombre 2 836 est un **nombre à 4 chiffres**.

- Le **chiffre** 2 représente 2 000. La **valeur** du chiffre 2 est 2 000.
- Le chiffre 8 représente 800. La valeur du chiffre 8 est 800.
- Le chiffre 3 représente 30. La valeur du chiffre 3 est 30.
- Le chiffre 6 représente 6. La valeur du chiffre 6 est 6.

4. Écris la valeur de chaque chiffre.

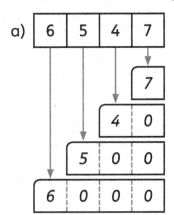 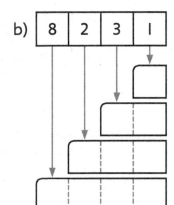 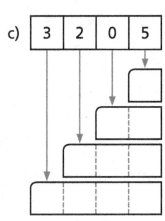

5. Que représente le chiffre 3 dans le nombre?

a) 632   30   b) 6 325 ⬚   c) 6 231 ⬚

d) 4 305 ⬚   e) 6 732 ⬚   f) 3 092 ⬚

g) 5 321 ⬚   h) 2 003 ⬚   i) 1 238 ⬚

6. Remplis les espaces vides.

a) Dans le nombre 6 572, le chiffre 5 représente _____.

b) Dans le nombre 4 236, le chiffre 3 représente _____.

c) Dans le nombre 8 021, la valeur du chiffre 8 est _____.

d) Dans le nombre 2 387, le chiffre _____ est à la valeur de position des dizaines.

e) Dans le nombre 3 729, la valeur du chiffre 7 est _____.

f) Dans le nombre 9 845, le chiffre ____ est à la valeur de position des unités de mille.

NS3-75 Additionner pour faire un nombre à 4 chiffres

Parfois, la somme de deux nombres à 3 chiffres est un nombre à 4 chiffres.

Par exemple :   862 + 631

8 centaines + 6 dizaines + 2 unités		862
6 centaines + 3 dizaines + 1 unité	ou	+ 631
14 centaines + 9 dizaines + 3 unités		1 493

après le regroupement   1 unité de mille + 4 centaines + 9 dizaines + 3 unités

I. Additionne les nombres.

a)
```
    3 8 5
+   9 1 1
```

b)
```
    4 2 3
+   6 1 4
```

c)
```
    8 6 0
+   5 3 0
```

d)
```
    2 1 7
+   9 7 0
```

e)
```
    3 8 2
+   8 1 6
```

f)
```
    1 1 5
+   8 2 1
```

g)
```
    6 3 6
+   4 4 0
```

h)
```
    9 1 2
+   9 1 7
```

i)
```
    6 2 5
+   8 0 2
```

2. Additionne. Tu pourrais avoir à regrouper une ou deux fois.

a)
```
    3 6 5
+   4 2 5
```

b)
```
    2 3 1
+   9 8 3
```

c)
```
    8 2 3
+   5 4 7
```

3. Additionne. Tu pourrais avoir à regrouper trois fois.

a)
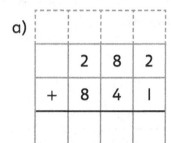

	2	8	2
+	8	4	1

b)
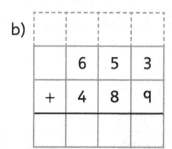

	6	5	3
+	4	8	9

c)
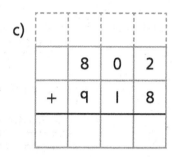

	8	0	2
+	9	1	8

4. Écris les nombres dans la grille, puis additionne.

a) 282 + 510
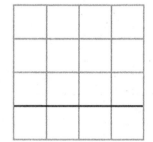

b) 627 + 932
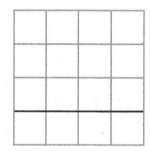

c) 512 + 739
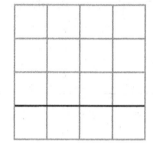

5. Amy court très rapidement pendant 518 secondes, puis court lentement pendant 623 secondes. Pendant combien de secondes a-t-elle couru en tout?

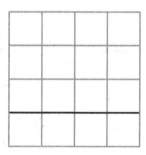

6. Une entreprise de construction construit deux immeubles d'appartements. Un immeuble comporte 734 appartements et l'autre, 293 appartements. Combien d'appartements l'entreprise a-t-elle construits en tout?

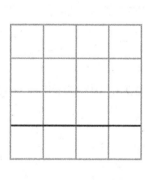
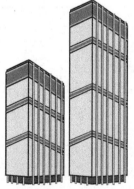

BONUS ▶ Additionne ou soustrais.

a) 2 875
   + 3 121

b) 4 281
   + 3 814

c) 3 821
   − 210

d) 4 523
   − 3 109

e) 4 732 + 3 859

f) 4 891 − 2 193

①	2	3	4	5	⑥	7	8	9	10
⑪	12	13	14	15	16	17	18	19	20
21	22	23	24	25	26	27	28	29	30
31	32	33	34	35	36	37	38	39	40

1. a) Compte par bonds de 5 à partir de 1.

   ___1___ , ___6___ , ___11___ , _____, _____, _____, _____, _____

   b) Encercle les chiffres des unités dans les réponses de la partie a).

   Quelle régularité peux-tu voir?_____

2. Il y a certaines régularités lorsque tu comptes par bonds de 5. Souligne les chiffres des unités dans chaque nombre. Écris la régularité correspondant à ces derniers chiffres.

   a) 12, 17, 22, 27, 32, 37   Régularité dans les chiffres des unités : ____, ____, ____, ____

   b) 14, 19, 24, 29, 34, 39   Régularité dans les chiffres des unités : ____, ____, ____, ____

   c) 13, 18, 23, 28, 33, 38   Régularité dans les chiffres des unités : ____, ____, ____, ____

3. Compte par bonds de 5 pour compléter la régularité.

   a) 23, 28, ___33___ , _____, _____, _____   b) 34, 39, _____, _____, _____, _____

   c) 45, 50, _____, _____, _____, _____   d) 16, 21, _____, _____, _____, _____

4. Compte à reculons par bonds de 5 pour compléter la régularité.

   a) 48, 43, ___38___ , _____, _____, _____   b) 75, 70, _____, _____, _____, _____

   c) 36, 31, _____, _____, _____, _____   d) 54, 49, _____, _____, _____, _____

5. Commence à 5. Compte par bonds de 5 jusqu'à 100.

5	10								
55	60								

6. Compte par bonds de 25 à partir de 0 en encerclant un nombre tous les 5 nombres

   dans le tableau de la question 5. 0, _____, _____, _____, _____

7. Commence à 25. Encercle les nombres que tu dis lorsque tu comptes par bonds de 25.

25 30 35 40 45 50 55 60 65 70 75 80 85 90 95 100 105 110 115 120 125 130 135 140 145 150

Écris les chiffres des dizaines et des unités des nombres que tu as encerclés.
Continue la régularité.

_____, _____, _____, _____, _____, _____, _____, _____, _____, _____

8. Complète la régularité en comptant par bonds de 25.

a) 50, 75, _____, _____, _____   b) 275, 300, _____, _____, _____

c) 125, 150, _____, _____, _____   d) 450, 475, _____, _____, _____

9. Compte à reculons par bonds de 25 pour compléter la régularité.

a) 125, 100, _____, _____, _____   b) 425, 400, _____, _____, _____

c) 875, 850, _____, _____, _____   d) 150, 125, _____, _____, _____

10. Écris la régularité correspondant aux chiffres des unités.

a) Commence à 0, et compte par bonds de 5 ou de 25. _____

b) Commence à 0, et compte par bonds de 10 ou de 100. _____

11. Fred compte par bonds de 25 à partir de 25. Il écrit 25, 50, 75, 125, 150, 175, 200. A-t-il compté correctement? Explique.

_____

12. Compte par bonds de 100.

a) 100, 200, _____, _____, _____, _____, _____

b) Quel sera le neuvième nombre de cette liste? _____

BONUS ▶ Compte par bonds de 200.

c) 200, 400, _____, _____, _____

d) 100, 300, _____, _____, _____

NS3-77 Compter des pièces de monnaie

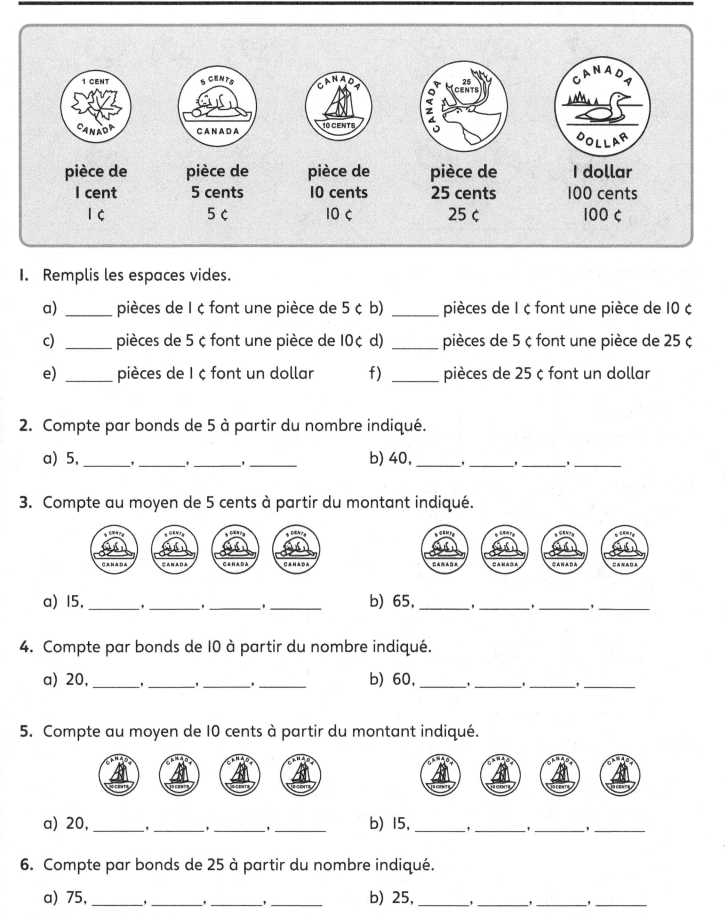

**pièce de
1 cent**
1 ¢

**pièce de
5 cents**
5 ¢

**pièce de
10 cents**
10 ¢

**pièce de
25 cents**
25 ¢

1 dollar
100 cents
100 ¢

1. Remplis les espaces vides.

   a) _____ pièces de 1 ¢ font une pièce de 5 ¢   b) _____ pièces de 1 ¢ font une pièce de 10 ¢

   c) _____ pièces de 5 ¢ font une pièce de 10¢   d) _____ pièces de 5 ¢ font une pièce de 25 ¢

   e) _____ pièces de 1 ¢ font un dollar   f) _____ pièces de 25 ¢ font un dollar

2. Compte par bonds de 5 à partir du nombre indiqué.

   a) 5, _____, _____, _____, _____   b) 40, _____, _____, _____, _____

3. Compte au moyen de 5 cents à partir du montant indiqué.

   a) 15, _____, _____, _____, _____   b) 65, _____, _____, _____, _____

4. Compte par bonds de 10 à partir du nombre indiqué.

   a) 20, _____, _____, _____, _____   b) 60, _____, _____, _____, _____

5. Compte au moyen de 10 cents à partir du montant indiqué.

   a) 20, _____, _____, _____, _____   b) 15, _____, _____, _____, _____

6. Compte par bonds de 25 à partir du nombre indiqué.

   a) 75, _____, _____, _____, _____   b) 25, _____, _____, _____, _____

7. Compte au moyen de 25 cents à partir du montant indiqué.

a) 25, _____, _____, _____

b) 125, _____, _____, _____

c) 50, _____, _____, _____

d) 175, _____, _____, _____

8. Compte par bonds de 5, puis par bonds de 1.

a) 5, _10_, _____
Compte par bonds de 5.

_16_, _17_, _____, _____
Continue de compter par bonds de 1.

b) 35, _____
Compte par bonds de 5.

_____, _____, _____, _____, _____
Continue de compter par bonds de 1.

9. Compte au moyen de la valeur de la pièce indiquée, puis en fonction de la valeur de la seconde pièce indiquée.

a) _____, _____, _____, _____ _____, _____, _____

b) _____, _____, _____ _____, _____, _____, _____

10. Compte par bonds de 10, puis par bonds de 5.

a) 10, _20_, _____
Compte par bonds de 10.

_35_, _40_, _____, _____
Continue de compter par bonds de 5.

b) 35, _____
Compte par bonds de 10.

_____, _____, _____, _____, _____
Continue de compter par bonds de 5.

Logique numérale 3-77

II. Compte au moyen de la valeur de la pièce indiquée, puis en fonction de la valeur de la seconde pièce indiquée.

a) _____, _____, _____ | _____, _____, _____, _____

b) _____, _____, _____ | _____, _____, _____, _____

12. Encercle les groupes de pièces qui s'additionnent pour donner 25 cents.

A.

B.

C.

D.

13. Compte par bonds de 25, puis par bonds de 5.

a) 25, _____, _____ | _____, _____, _____, _____
Compte par bonds de 25. | Continue de compter par bonds de 5.

b) 275, _____ | _____, _____, _____, _____, _____
Compte par bonds de 25. | Continue de compter par bonds de 5.

14. Compte au moyen de la valeur de la pièce indiquée, puis en fonction de la valeur de la seconde pièce indiquée.

a) _____, _____, _____, _____, _____, _____

b) _____, _____, _____, _____, _____, _____

I. Écris les nombres en ordre, du plus grand au plus petit.

a) 10, 25, 25, 5, 1

___25___ , ___25___ , ___10___ , ___5___ , ___1___

b) 5, 1, 10, 25, 10, 5

_____, _____, _____, _____, _____, _____

c) 5, 25, 10, 1, 5

_____, _____, _____, _____, _____

d) 25, 10, 5, 25, 1, 5

_____, _____, _____, _____, _____, _____

2. Écris la valeur des pièces de monnaie en ordre, de la plus grande à la plus petite.

a)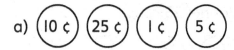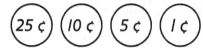

b) (10 ¢) (10 ¢) (5 ¢) (25 ¢)

◯ ◯ ◯ ◯

c)

d)

◯ ◯ ◯ ◯

3. Compte pour trouver le total.

a) ___25___ , ___50___
   Compte par bonds de 25.

___60___ , _____, _____
   Compte par bonds de 10.

_____, _____
   Compte par bonds de 5.

b) ___10___ , _____, _____
   Compte par bonds de 10.

_____, _____
   Compte par bonds de 5.

_____, _____
   Compte par bonds de 1.

c) ___25___ , _____, _____
   Compte par bonds de 25.

_____, _____
   Compte par bonds de 5.

_____, _____
   Compte par bonds de 1.

d) ___25___ , _____
   Compte par
   bonds de 25.

_____, _____
   Compte par
   bonds de 10.

_____, _____
   Compte par
   bonds de 5.

_____
   Compte par
   bonds de 1.

4. Compte au moyen de la valeur de la pièce indiquée, puis en fonction de la valeur de la seconde pièce indiquée.

a) _____ , _____ , _____ , _____

b) _____ , _____ , _____ , _____ , _____

c) _____ , _____ , _____

d) _____ , _____ , _____ , _____ , _____

e) _____ , _____ , _____ , _____

f) _____ , _____ , _____ , _____ , _____

5. Écris la valeur des pièces de monnaie en ordre, de la plus grande à la plus petite. Puis continue de compter pour trouver le total.

a) 10 ¢   25 ¢   10 ¢   25 ¢

25 ¢   25 ¢   10 ¢   10 ¢

_25 ¢_ , _50 ¢_ , _60 ¢_ , _70 ¢_

b) 5 ¢   25 ¢   5 ¢   5 ¢

_____ , _____ , _____ , _____

c) 25 ¢   10 ¢   25 ¢   25 ¢

_____ , _____ , _____ , _____

d) 5 ¢   25 ¢   5 ¢   25 ¢

_____ , _____ , _____ , _____

e) 5 ¢   10 ¢   25 ¢   5 ¢

_____ , _____ , _____ , _____

f) 10 ¢   25 ¢   5 ¢   10 ¢

_____ , _____ , _____ , _____

6. Quel est le montant total en cents? Compte d'abord au moyen de la valeur de la plus grande pièce de monnaie.

a)

Montant total = _____

b)

Montant total = _____

c)

Montant total = _____

d)

Montant total = _____

e)

Montant total = _____

7. Écris le nom de la pièce de monnaie qui a la même valeur que celle des pièces indiquées.

a)

_____

b)

_____

c)

_____

d)

_____

8. Estime la valeur totale des pièces de monnaie en cents. Compte la valeur pour vérifier ta réponse.

Pièces		Estimation	Valeur réelle
a)			
b)			

9. Evan a 4 pièces de 10 cents, 3 pièces de 25 cents et 2 pièces de 5 cents. Combien d'argent a-t-il?

NS3-79 Quelles sont les pièces qui manquent?

I. Écris les montants qui manquent en comptant par bonds de 5.

    a) 16, __21__ , _____, 31   b) 30, _____, _____, 45   c) 45, _____, _____, 60

    d) 18, _____, _____, 33   e) 81, _____, _____, 96   f) 67, _____, _____, 82

2. Dessine les pièces de 5 cents supplémentaires pour faire le total indiqué.

    a) 35 ¢

        (25 ¢) (5 ¢) (5 ¢)

    b) 16 ¢

        (10 ¢) (1 ¢)

    c) 25 ¢

        (10 ¢)

    d) 40 ¢

        (10 ¢) (10 ¢)

3. Écris les montants qui manquent en comptant par bonds de 10.

    a) 21, __31__ , _____, 51   b) 49, _____, _____, 79   c) 45, _____, _____, 75

    d) _____, 47, _____, 67   e) _____, _____, 72, 82   f) _____, 35, _____, 55

4. Dessine les pièces de 10 cents supplémentaires pour faire le total indiqué.

    a) 40 ¢

        (25 ¢) (5 ¢)

    b) 71 ¢

        (25 ¢) (25 ¢) (1 ¢)

    c) 90 ¢

        (25 ¢) (25 ¢)

    d) 55¢

        (10 ¢) (10 ¢) (5 ¢)

5. Sara a 2 pièces de 25 cents et 3 pièces de 5 cents. De combien de pièces de 10 cents a-t-elle besoin pour faire 85 ¢?

_____

6. John a 3 pièces de 25 cents et 1 pièce de 5 cents. De combien de pièces de 5 cents a-t-il besoin pour faire 95 ¢?

_____

7. Écris les montants qui manquent en comptant par bonds de 25.

a) 25, _____, _____, 100

b) 75, _____, _____, 150

c) 125, _____, _____, 200

d) _____, 75, _____, 125

e) _____, 250, _____, 300

f) 3, 28, _____, _____

8. Dessine les pièces de 25 cents supplémentaires pour faire le total indiqué.

a) 100 ¢

(25 ¢) (25 ¢)

b) 125 ¢

(25 ¢)

c) 76 ¢

(1 ¢)

d) 105 ¢

(5 ¢)

9. Écris les valeurs des deux pièces nécessaires pour faire le total indiqué.

a) 65 ¢

(25 ¢) (25 ¢) ( ) ( )

b) 135 ¢

(25 ¢) (25 ¢) (25 ¢) (25 ¢) ( ) ( )

c) 46 ¢

(25 ¢) (10 ¢) ( ) ( )

d) 71 ¢

(25 ¢) (25 ¢) (10 ¢) ( ) ( )

e) 140 ¢

(100 ¢) (25 ¢) ( ) ( )

f) 195 ¢

(100 ¢) (25 ¢) (25 ¢) (25 ¢) ( ) ( )

10. Écris la valeur des pièces qui manquent pour faire 185 ¢.

a) (25 ¢) (100 ¢) (10 ¢) (25 ¢) (10 ¢) ( ) ( )

b) (25 ¢) (25 ¢) (25 ¢) (25 ¢) (25 ¢) (25 ¢) (25 ¢) ( )

II. Écris le nom des pièces qui manquent pour faire le total indiqué.

a) 90 ¢

_____

b) 65 ¢

_____

c) 120 ¢

_____

d) 135 ¢

_____

e) 225 ¢

_____

f) 300 ¢

_____

12. Écris la valeur des pièces qui manquent pour faire le total.

a) Clara veut acheter un stylo pour 35 ¢.

b) Ivan veut acheter un cahier d'exercices pour 235 ¢.

c) Sally veut acheter du lait pour 120 ¢.

d) Eddy veut acheter un goûter pour 75 ¢.

13. Ren a 1 pièce de 10 cents, 3 pièces de 25 cents, 2 dollars et 2 pièces de 5 cents. Il veut acheter un porte-clés qui coûte 325 ¢. Quelles pièces lui manque-t-il?

_____

NS3-80 Moins grand nombre de pièces de monnaie

1. Écris la valeur de la pièce de monnaie unique qui a la même valeur que celle des pièces indiquées.

a)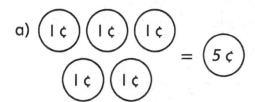

b)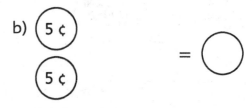

c)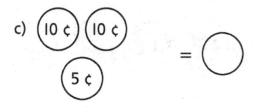

d)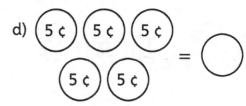

e)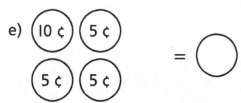

f)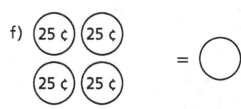

2. Remplis les espaces vides.

a) 2 pièces de 5 cents ont la même valeur que 1 _____.

b) 1 pièce de 25 cents a la même valeur que _____ pièces de 10 cents et _____ pièce de 5 cents.

c) 1 pièce de 5 cents a la même valeur que _____ pièces de 1 cent.

d) _____ pièces de 25 cents ont la même valeur que 1 _____.

e) 1 pièce de 25 cents a la même valeur que _____ pièces de 5 cents.

BONUS ▶ I dollar a la même valeur que _____ pièces de 10 cents.

3. Lily a 3 pièces de 25 cents, 2 pièces de 10 cents et 1 pièce de 5 cents.

a) Quelle est la valeur totale de son argent? _____

b) Quelle pièce unique a la même valeur? _____

4. Raj a 7 pièces de 10 cents et 6 pièces de 5 cents.

a) Quelle est la valeur totale de son argent? _____

b) Quelle pièce unique a la même valeur? _____

5. Regroupe les pièces pour obtenir le même total avec moins de pièces de monnaie.

a)

       25 ¢   10 ¢

b)

c)

d)

e)

BONUS ▶

6. Quelle partie du montant total pourrais-tu payer avec des pièces de 25 cents?
Dessine les pièces de 25 cents pour illustrer ta réponse.

	Montant total	Plus grand montant que tu peux payer en 25 cents
a)	60 ¢	(25 ¢) (25 ¢)
c)	45 ¢	

	Montant total	Plus grand montant que tu peux payer en 25 cents
b)	80 ¢	
d)	95 ¢	

7. Quelle partie du montant total pourrais-tu payer avec des pièces de 10 cents?
Dessine les pièces de 10 cents pour illustrer ta réponse.

	Montant total	Plus grand montant que tu peux payer en 10 cents
a)	25 ¢	(10 ¢) (10 ¢)
c)	42 ¢	

	Montant total	Plus grand montant que tu peux payer en 10 cents
b)	15 ¢	
d)	37 ¢	

8. Quelle partie du montant total pourrais-tu payer avec des pièces de 25 cents?
   Illustre le montant qui reste en dessinant le moins grand nombre de pièces.

	Montant total	Montant que tu peux payer en 25 cents	Montant résiduel	Pièces
a)	90 ¢	75 ¢	90 ¢ – 75 ¢ = 15 ¢	(10 ¢) (5 ¢)
b)	45 ¢			
c)	65 ¢			
d)	95 ¢			
e)	96 ¢			

9. Dessine le moins de pièces pour faire le total. Commence par trouver le
   plus grand montant que tu peux constituer avec des 25 cents.

a) 30 ¢ (10 ¢) (10 ¢) (10 ¢) incorrect   b) 65 ¢

   (25 ¢) (5 ¢) correct

c) 70 ¢   d) 40 ¢

e) 95 ¢   f) 45 ¢

10. Dessine le moins de pièces pour faire le total. Commence par trouver le
    plus grand montant que tu peux constituer avec des pièces de 1 dollar.

a) 105 ¢ (100 ¢) (5 ¢)   b) 125 ¢

c) 160 ¢   d) 175 ¢

e) 140 ¢   f) 190 ¢

1. Calcule la différence à payer pour l'achat.

   a) Prix d'un crayon = 45 ¢

      Montant payé = 50 ¢

      Différence = _ 5 ¢ _

   b) Prix d'une gomme à effacer = 25 ¢

      Montant payé = 30 ¢

      Différence = _____

   c) Prix d'un stylo = 85 ¢

      Montant payé = 90 ¢

      Différence = _____

   d) Prix d'une règle = 52 ¢

      Montant payé = 60 ¢

      Différence = _____

   e) Prix d'un marqueur = 74 ¢

      Montant payé = 80 ¢

      Différence = _____

   f) Prix d'un cahier d'exercices = 66 ¢

      Montant payé = 70 ¢

      Différence = _____

2. Compte par bonds de 10 pour trouver la différence due par rapport à un dollar (100 ¢).

   a)

Prix	Différence
80 ¢	20 ¢
70 ¢	
20 ¢	

   b)

Prix	Différence
40 ¢	
60 ¢	
30 ¢	

   c)

Prix	Différence
50 ¢	
10 ¢	
90 ¢	

3. Calcule la différence due pour l'achat. Compte par bonds de 10.

   a) Prix d'une sucette = 50 ¢

      Montant payé = 100 ¢

      Différence = _____

   b) Prix d'une mangue = 80 ¢

      Montant payé = 100 ¢

      Différence = _____

   c) Prix d'une pomme = 20 ¢

      Montant payé = 100 ¢

      Différence = _____

   d) Prix d'une banane = 60 ¢

      Montant payé = 100 ¢

      Différence = _____

4. Trouve la différence due.

    a) Prix d'une pêche = 70 ¢

         Montant payé = 100 ¢

         Différence = _____

    b) Prix d'un crayon = 30 ¢

         Montant payé = 100 ¢

         Différence = _____

    c) Prix d'une boule de gomme = 10 ¢

         Montant payé = 100 ¢

         Différence = _____

    d) Prix d'une boîte de jus = 40 ¢

         Montant payé = 100 ¢

         Différence = _____

Tu dois payer 15 ¢. Tu as un dollar (100 ¢). Trouve la différence due.

Étape 1 : Trouve le plus petit multiple de 10 qui est plus grand que 15 ¢.

$$15\ ¢ \longrightarrow \boxed{20\ ¢} \longrightarrow 100\ ¢$$

Étape 2 : Trouve les différences : 20 − 15 et 100 − 20.

$$15\ ¢ \xrightarrow{\ 5\ } \boxed{20\ ¢} \xrightarrow{\ 80\ } 100\ ¢$$

Étape 3 : Additionne les différences : 5 ¢ + 80 ¢. Différence = 85 ¢

---

5. Trouve la différence due par rapport à un dollar pour le montant indiqué.

    a) 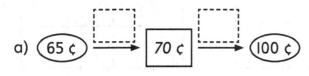

         Différence = _____

    b) 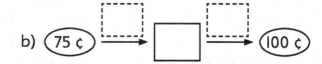

         Différence = _____

    c) 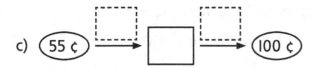

         Différence = _____

    d) 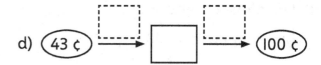

         Différence = _____

6. Trouve la différence due par rapport à un dollar pour le montant indiqué.

a)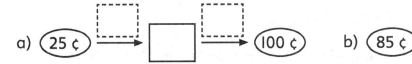

   Différence = _____

b)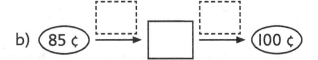

   Différence = _____

c)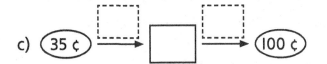

   Différence = _____

d)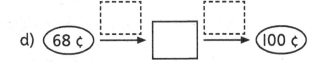

   Différence = _____

e)

   Différence = _____

f)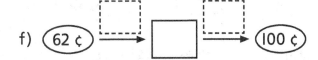

   Différence = _____

g)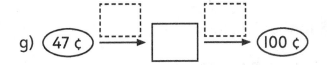

   Différence = _____

h)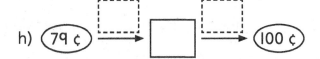

   Différence = _____

7. Trouve la différence due par rapport à un dollar (100 ¢). Calcule dans ta tête (mentalement).

a) 85 ¢ _____   b) 65 ¢ _____   c) 25 ¢ _____   d) 45 ¢ _____

e) 35 ¢ _____   f) 95 ¢ _____   g) 55 ¢ _____   h) 70 ¢ _____

i) 75 ¢ _____   j) 13 ¢ _____   k) 29 ¢ _____   l) 41 ¢ _____

BONUS ▶ Trouve la différence due en calculant dans ta tête.

a) Prix = 35 ¢

   Montant payé = 75 ¢

   Différence = _____

b) Prix = 56 ¢

   Montant payé = 80 ¢

   Différence = _____

NS3-82 Compter de l'argent avec des dollars

un dollar = 1 $ = 100 ¢

 1 dollar
100 ¢
1 $

 **2 dollars**
200 ¢
2 $

Billet de 5 dollars
500 ¢
5 $

1. Écris le nombre de dollars au moyen de cents.

   a) 4 $ = __400__ ¢   b) 3 $ = _____ ¢   c) 7 $ = _____ ¢

2. Écris le nombre de cents au moyen de dollars.

   a) 200 ¢ = __2__ $ b) 600 ¢ = _____ $ c) 300 ¢ = _____ $

3. Remplis les espaces vides.

   a) _____ pièces de 1 $ font une pièce de 2 $

   b) _____ pièces de 1 $ font un billet de 5 $

   c) _____ pièce de 2 $ et _____ pièces de 1 $ font un billet de 5 $

   d) _____ pièces de 2 $ et _____ pièce de 1 $ font un billet de 5 $

Nous disons séparément le nombre de dollars et le nombre de cents.

1 dollar et 35 cents   2 dollars et 65 cents
1 $ et 35 ¢ $ 2 et 65 ¢

---

4. Dessine le moins de pièces pour faire le total.

   a) 1 $ et 35 ¢   b) $ 2 et 90 ¢

   c) $ 3 et 65 ¢   d) $ 4 et 70 ¢

---

5. Écris le nombre de dollars et de cents.

a)   _____ $ et _____ ¢

b)    _____ $ et _____ ¢

c)      _____ $ et _____ ¢

d)      _____ $ et _____ ¢

e)   _____ $ et _____ ¢

6. Écris la valeur des pièces qui manquent pour faire le total.

a) 2 $ et 60 ¢

b) 3 $ et 40 ¢

c) 8 $ et 35 ¢

d) 7 $ et 40 ¢

7. Regroupe les pièces pour obtenir le même total avec le moins de pièces de monnaie ou de billets de banque.

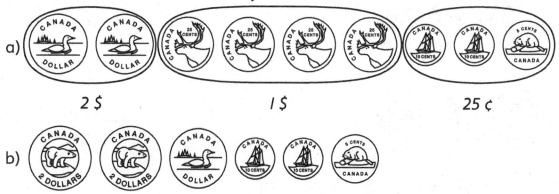

a)

      2 $ 1 $ 25 ¢

b)

c)

BONUS ▶

8. Estime au dollar le plus proche. Ensuite compte le total en commençant par les plus grandes pièces de monnaie.

a)   Estime _____ $

                                                 Total en _____ $ et _____ ¢

b)   Estime _____ $

                                                 Total en _____ $ et _____ ¢

c)   Estime _____ $

                                                 Total en _____ $ et _____ ¢

9. Anna a 3 pièces de 25 ¢, 2 pièces de 1 $, 1 pièce de 2 $ et 1 billet de 5 $. Elle veut payer le dîner de sa mère, qui coûte 12 $. De combien d'argent de plus a-t-elle besoin?

NS3-83 Représenter l'argent jusqu'à 10 dollars

1. Compte jusqu'à 100 par bonds, en fonction du premier nombre indiqué.

   a) 10, 20, _____, _____, _____, _____, _____, _____, _____, _____

   b) 5, 10, _____, _____, _____, _____, _____, _____, _____, _____, _____,

   _____, _____, _____, _____, _____, _____, _____, _____, _____

   c) 25, _____, _____, _____

2. Utilise tes réponses de la question 1 pour remplir les espaces vides.

   a) _____ 10 cents dans une pièce de 1 $ b) _____ 5 cents dans une pièce de 1 $

   c) _____ 25 cents dans une pièce de 1 $ BONUS ▶ _____ 1 cent dans une pièce de 1 $

3. Remplis les espaces vides pour trouver le nombre de pièces de monnaie dans une pièce de 2 $.

   a) pièces de 10 cents dans une pièce de 2 $

   (2 DOLLARS) = (DOLLAR) + (DOLLAR) = __10__ (10 CENTS) + __10__ (10 CENTS) = __20__ (10 CENTS)

   b) pièces de 5 cents dans une pièce de 2 $

   (2 DOLLARS) = (DOLLAR) + (DOLLAR) = _____ (5 CENTS) + _____ (5 CENTS) = _____ (5 CENTS)

   c) pièces de 25 cents dans une pièce de 2 $

   (2 DOLLARS) = (DOLLAR) + (DOLLAR) = _____ (25 CENTS) + _____ (25 CENTS) = _____ (25 CENTS)

   d) pièces de 1 cent dans une pièce de 2 $

   (2 DOLLARS) = (DOLLAR) + (DOLLAR) = _____ (1 CENT) + _____ (1 CENT) = _____ (1 CENT)

   BONUS ▶ pièces de 1 cent dans une pièce de 2 $ et une pièce de 1 $

   (2 DOLLARS) (DOLLAR) = _____ (1 CENT) + _____ (1 CENT) = _____ (1 CENT)

4. Trouve différentes manières d'additionner jusqu'à 5 en utilisant uniquement les chiffres 1 et 2.

a) 5 = __1__ + __1__ + __1__ + __1__ + __1__

b) 5 = ____ + ____ + ____

c) 5 = ____ + ____ + ____ + ____

5. Remplis les espaces vides pour indiquer différentes manières de compter 5 $.

a)  = __5__

b)  = ____ + ____

c)  = ____ + ____

6. Trouve le montant total d'argent.

a)  ____ $

b)  ____ $

c)  ____ $

d)  ____ $

7. Compte séparément les dollars et les cents.

a) _____ $ et _____ ¢

b) _____ $ et _____ ¢

c) _____ $ et _____ ¢

8. Trouve le nombre total de dollars et de cents.

						$	¢
a)	1	1	1	0	2	1	8	25
b)	1	0	1	3	0	1		
c)	0	2	1	1	2	1		
d)	1	1	0	3	2	0		

9. Tina a besoin de 9 $ et 75 ¢ pour acheter une voiture télécommandée. Elle a 1 billet de 5 $, 1 pièce de 2 $ et 2 pièces de 25 cents. De quelles pièces de monnaie a-t-elle encore besoin pour acheter la voiture? Utilise le plus petit nombre de pièces de monnaie.

_____

10. Le dîner de Jake coûte 7 dollars et 25 cents. Il paie avec deux billets de 5 $. Le caissier lui remet une pièce de 2 $ et deux pièces de 25 cents. Cette différence est-elle correcte? Explique.

_____

Dans le cas d'une notation en dollars et en cents, nous écrivons

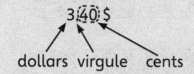

3,40 $

dollars virgule   cents

3 dollars   et   40 cents

3 $ et   40 ¢

I. Écris le nombre de dollars et de cents.

a) 7,25 $ _____ $ et _____ ¢   b) 4,10 $ _____ $ et _____ ¢

c) 3,47 $ _____ $ et _____ ¢   d) 5,00 $ _____ $ et _____ ¢

e) 10,75 $ _____ $ et _____ ¢   f) 8,05 $ _____ $ et _____ ¢

2. Écris la valeur sous forme de notation en dollars et en cents.

a) 4 dollars et 25 cents   _4,25 $_   b) 2 dollars et 80 cents   _____

c) 3 $ et 75 ¢   _____   d) 9 $ et 95 ¢   _____

e) 6 $ et 99 ¢   _____   BONUS ▶ 7 $ et 5 ¢   _____

3. Trouve le nombre total de dollars et de cents. Écris la réponse sous forme de notation en dollars et en cents.

a)

   _3_ $ et _60_ ¢

   _3,60 $_

b)

   _____ $ et _____ ¢

   _____

c)

   _____ $ et _____ ¢

   _____

d)

   _____ $ et _____ ¢

   _____

4. Écris la valeur de l'argent nécessaire pour faire le total. Utilise le plus petit nombre de billets de banque et de pièces de monnaie.

a) 3,75 $ (2 $) (1 $) (25 ¢) (25 ¢) (25 ¢)

b) 2,40 $ ( ) ( ) ( ) ( )

c) 6,90 $ [ ] ( ) ( ) ( ) ( ) ( ) ( )

d) 4,05 $ ( ) ( ) ( )

BONUS ▶

8,95 $ [ ] ( ) ( ) ( ) ( ) ( ) ( ) ( )

5. a) Jay écrit la valeur des pièces de monnaie formant 3,50 $.
A-t-il raison? Explique.

____

____

b) Yu croit que 8,07 $ et 8,70 $ représentent la même valeur.
A-t-elle raison? Explique.

____

____

6. Dessine deux autres groupes de pièces de monnaie qui ont une valeur de 4,75 $.

4,75 $ (2 $) (2 $) (25 ¢) (25 ¢) (25 ¢) ( ) ( )

4,75 $ ( ) ( ) ( ) ( ) ( ) ( ) ( )

4,75 $ ( ) ( ) ( ) ( ) ( ) ( ) ( )

| **Billet de 10 dollars** | **Billet de 20 dollars** | **Billet de 50 dollars** | **Billet de 100 dollars** |
| 10 $ | 20 $ | 50 $ | 100 $ |

1. Compte par bonds de 10 jusqu'à 100.

   __10__, _____, _____, _____, _____, _____, _____, _____, _____, _____

2. Trouve le nombre de billets de 10 $.

   a) 20 $ =____ billets de 10 $ b) 50 $ =____ billets de 10 $ c) 100 $ =____ billets de 10 $

3. Trouve différentes manières d'additionner jusqu'à 50 en utilisant uniquement les nombres 10 et 20.

   a) 50 = _____ + _____ + _____ + _____ + _____

   b) 50 = _____ + _____ + _____

   c) 50 = _____ + _____ + _____ + _____

4. Remplis les espaces vides pour indiquer différentes manières de compter 50 $.

5. Trouve trois manières de faire 100 $ au moyen de billets de 10 $, de 20 $ ou de 50 $.

6. Trouve le montant total d'argent.

a)  _____ $

b) _____ $

c) _____ $

7. Lynn décide d'économiser l'argent qu'elle a reçu pour son anniversaire. Elle a reçu un billet de 100 $, trois billets de 50 $, deux billets de 20 $ et quatre billets de 10 $.

a) Combien d'argent a-t-elle en tout? _____

b) Lynn souhaite s'acheter une tablette qui coûte 350 $.

Combine d'argent doit-elle encore économiser? _____

Un **compte bancaire** est un relevé de l'argent que tu conserves à la banque.

Un **dépôt** désigne une somme d'argent que tu places dans un compte bancaire.

Un **retrait** désigne une somme d'argent que tu retires d'un compte bancaire.

Le **solde** correspond au montant d'argent qui se trouve dans le compte.

8. Le solde de départ est de 330 $. Trouve le solde après chaque opération.

Opération	Brouillon	Solde
Retrait : 20 $	330 − 20 = 310	310 $
Dépôt : 20 $	310 + _____ = _____	
Retrait : 35 $		
Dépôt : 27 $		

9. Éric a un solde de 330 $ dans son compte. Trouve le montant d'argent que Éric a à la banque après chaque opération.

a) Éric retire 40 $ de la banque pour s'acheter une veste.

b) Éric gagne 30 $ et les dépose dans son compte bancaire.

c) A-t-il suffisamment d'argent pour s'acheter une paire de skis de 350 $? Explique.

10. Compte le nombre de dollars et le nombre de cents. Écris ta réponse sous forme de notation en dollars et en cents.

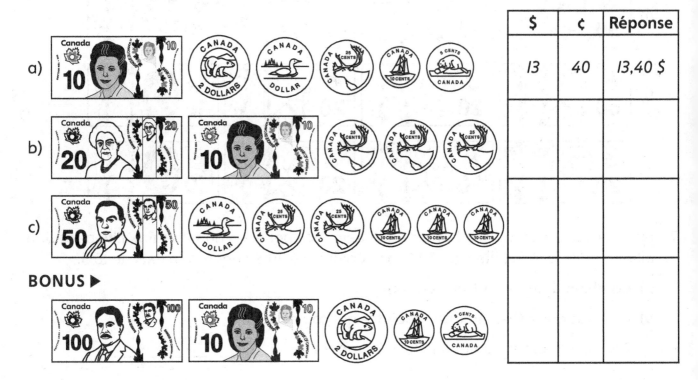

	$	¢	Réponse
a)	13	40	13,40 $
b)			
c)			
BONUS			

11. Écris la valeur de l'argent nécessaire pour faire le total. Utilise le plus petit nombre de billets de banque et de pièces de monnaie.

a) 23,60 $
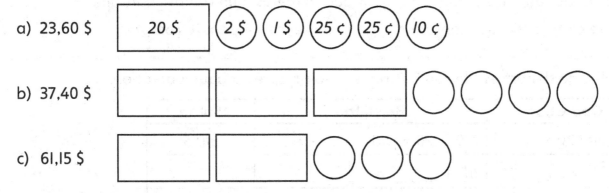

b) 37,40 $

c) 61,15 $

BONUS ▶ Trouve le montant total d'argent, en dollars et en cents.

RAPPEL ▶ Une multiplication est une addition répétée.

4×5	3×10	2×25
$= 5 + 5 + 5 + 5$	$= 10 + 10 + 10$	$= 25 + 25$
$= 20$	$= 30$	$= 50$

I. Multiplie en faisant une addition répétée.

a) 4×10

= _____

= _____

b) 3×25

= _____

= _____

c) 6×5

= _____

= _____

d) 3×20

= _____

= _____

e) 3×50

= _____

= _____

f) 2×100

= _____

= _____

RAPPEL ▶ Tu peux multiplier en comptant par bonds.

4×5	3×10	2×25
5, 10, 15, ⟨20⟩	10, 20, ⟨30⟩	25, ⟨50⟩

---

2. Multiplie en comptant par bonds. Encercle la réponse.

a) 4×10

  10, 20, 30, ⟨40⟩

b) 4×25

  _____

c) 6×5

  _____

d) 5×20

  _____

e) 2×50

  _____

f) 3×100

  _____

g) 3×5

  _____

h) 2×10

  _____

i) 4×20

  _____

j) 3×25

  _____

k) 7×5

  _____

l) 5×10

  _____

---

3. Écris une équation de multiplication pour trouver la valeur totale des pièces de monnaie.

a) 4 pièces de 5 ¢

  $\underline{4 \times 5\ ¢ = 20\ ¢}$

b) 5 pièces de 10 ¢

  _____

c) 2 pièces de 25 ¢

  _____

d) 3 pièces de 25 ¢

  _____

e) 2 pièces de 5 ¢

  _____

f) 6 pièces de 10 ¢

  _____

Tu peux utiliser une multiplication et une addition lorsque tu as plus d'un type de pièces de monnaie.

4 pièces de 5 ¢ et 3 pièces de 10 ¢

$$(4 \times 5\ ¢) \quad + \quad (3 \times 10\ ¢)$$

nombre de pièces de 5 ¢   valeur d'une pièce de 5 ¢   nombre de pièces de 10 ¢   valeur d'une pièce de 10 ¢

4. Utilise une multiplication et une addition pour écrire la valeur des pièces de monnaie.

a) 2 pièces de 5 ¢ et 3 pièces de 10 ¢   _____

b) 4 pièces de 5 ¢ et 2 pièces de 10 ¢   _____

c) 2 pièces de 25 ¢ et 3 pièces de 5 ¢   _____

5. Utilise une multiplication et une addition pour écrire la valeur des pièces de monnaie. Trouve ensuite la valeur totale.

a)

  $\underline{(2 \times 25\ ¢) + (3 \times 10\ ¢)}$

  $= \underline{\quad 50\ ¢ + 30\ ¢\quad}$

  $= \underline{\quad 80\ ¢\quad}$

b)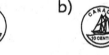

  _____

  $= $ _____

  $= $ _____

c)

  _____

  $= $ _____

  $= $ _____

d)

  _____

  $= $ _____

  $= $ _____

6. Écris une équation de multiplication pour trouver la valeur totale des billets et des pièces de monnaie.

a) trois pièces de 2 $

$3 \times 2\$ = 6\$$

b) quatre billets de 10 $

_____

c) trois billets de 5 $

_____

d) quatre pièces de 1 $

_____

e) deux billets de 5 $

_____

BONUS ▶ cinq billets de 20 $

_____

7. Utilise une multiplication et une addition pour écrire la valeur des billets et des pièces de monnaie.

a) deux pièces de 2 $ et trois pièces de 1 $

$(2 \times 2\$) + (3 \times 1\$)$

b) trois pièces de 1 $ et deux pièces de 2 $

_____

c) deux billets de 5 $ et trois pièces de 1 $

_____

BONUS ▶ deux billets de 50 $ et trois billets de 10 $

_____

8. Utilise une multiplication et une addition pour écrire la valeur des billets et des pièces de monnaie. Trouve ensuite la valeur totale.

a)

_____

_____

_____

b)

_____

_____

_____

9. Ethan veut acheter un cadeau d'anniversaire qui coûte 120 $. Il a deux billets de 50 $ et trois billets de 5 $. A-t-il suffisamment d'argent? Explique.

_____

_____

_____

NS3-87 Faire des paiements et gagner de l'argent

Tu peux faire un dépôt dans ton compte bancaire ou en retirer de l'argent de différentes manières :

Comptant	Chèque	Carte de débit

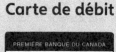

1. La mère de Zack a 750 $ dans son compte bancaire. Elle retire 120 $ pour ses dépenses de vacances. Combien reste-t-il dans son compte? _____

2. Les parents d'Anne ont 940 $ dans leur compte bancaire conjoint. Sa mère fait un chèque de 50 $ pour payer l'épicerie. Combien d'argent reste-t-il dans leur compte?

_____

3. C'est une bonne idée de suivre les activités dans ton compte bancaire. Trouve le solde du compte après chaque opération.

Date	Dépôt	Retrait	Solde
10 juin			350 $
18 juin	30 $		380 $
3 juillet		100 $	280 $
6 juillet	60 $		
2 août	70 $		
8 août		150 $	

4. Une **carte de crédit** te permet d'emprunter de l'argent pour payer des achats. Si tu ne paies pas à la société de crédit le montant que tu lui dois à la fin du mois, elle exigera des intérêts.

a) En juin, le frère ainé de Kate a utilisé sa carte de crédit pour faire des achats de 125 $, 50 $, 75 $ et 250 $. Combien doit-il rembourser d'argent à la fin du mois de juin?

b) Le frère de Kate n'a pas payé en temps le montant qu'il devait à la société de crédit. Cette dernière lui a facturé des frais de 50 $ supplémentaires. Combien d'argent doit-il maintenant rembourser en tout?

Certains moyens grâce auxquels des élèves peuvent gagner de l'argent :

livraison de journaux

tonte de gazons

kiosque de vente de limonade

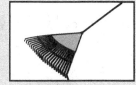
râtelage de feuilles

5. Ben a 250 $ dans son compte bancaire. Il gagne 5 $ chaque fois qu'il ramasse les feuilles chez l'un de ses voisins.

   a) Ben a ramassé les feuilles jeudi, vendredi, samedi et dimanche.

   Combien d'argent a-t-il gagné? _____

   b) Ben a déposé tout son argent comptant dans son compte bancaire.

   Combien d'argent a-t-il dans son compte bancaire? _____

6. Kim vend de la limonade à raison de 2 $ le verre. Hier, elle a vendu 30 verres de limonade.

   a) Combien d'argent Kim a-t-elle recueilli? _____

   b) Elle a payé 20 $ pour acheter les citrons. Combien d'argent a-t-elle gagné?

   _____

7. Au début de l'été, Nina avait 300 $ dans son compte bancaire. Elle gagne 10 $ chaque fois qu'elle tond le gazon chez son voisin. Elle est payée par chèque à la fin de l'été.

   a) Nina a tondu le gazon de son voisin à 20 reprises pendant l'été.
   Quel est le montant du chèque qu'elle reçoit à la fin de l'été?

   _____

   b) Nina dépose le chèque dans son compte bancaire.
   Combien d'argent a-t-elle dans son compte bancaire à la fin de l'été? _____

8. Anton gagne 5 ¢ pour chaque journal qu'il livre. La semaine dernière, Anton a livré 100 journaux. Combien d'argent a-t-il gagné en dollars?

9. Emma a 500 $ dans son compte bancaire. Elle a droit à une allocation de 30 $ par mois, mais dépense 25 $ de son allocation chaque mois. Combien aura-t-elle d'argent dans son compte bancaire après 3 mois.

NS3-88 Arrondir au 5 le plus proche (notions avancées)

I. Compte par bonds de 5 pour numéroter la droite numérique.

a)

b)

2. Trouve le multiple de 5 qui vient avant le nombre indiqué.

a) 32 __30__   b) 47 __45__   c) 71 _____

d) 18 _____   e) 93 _____   f) 28 _____

3. Trouve le multiple de 5 qui vient après le nombre indiqué.

a) 32 __35__   b) 47 __50__   c) 71 _____

d) 18 _____   e) 93 _____   f) 28 _____

4. Trouve les multiples de 5 qui viennent avant et après le nombre indiqué.

a) 32 est situé entre __30__ et __35__   b) 27 est situé entre __25__ et _____

c) 41 est situé entre _____ et _____   d) 78 est situé entre _____ et _____

e) 56 est situé entre _____ et _____   f) 18 est situé entre _____ et _____

5. Encercle le multiple de 5 le plus proche du nombre indiqué.

a) 43
40   (45)

b) 21
(20)   25

c) 72
70   75

d) 89
85   90

e) 11
10   15

f) 98
95   100

g) 36
35   40

h) 62
60   65

Tu peux arrondir 37 au multiple de 5 le plus proche.

Étape 1 : Trouve le multiple de 5 avant 37. 35

Étape 2 : Trouve le multiple de 5 après 37. 40

Étape 3 : Choisis le multiple de 5 le plus proche de 37.

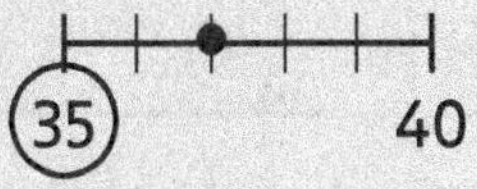

6. Remplis le tableau en arrondissant le nombre au multiple de 5 le plus proche.

Nombre	Multiple de 5 avant	Multiple de 5 après	Image	Multiple de 5 le plus proche
48	*45*	*50*	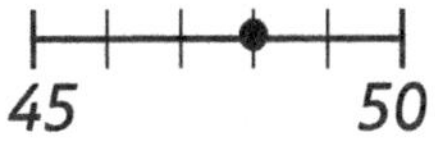	*50*
71			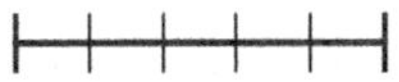	
34			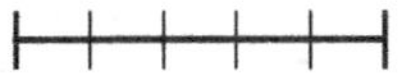	
67			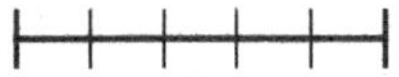	
22			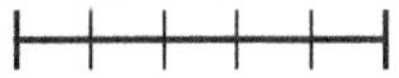	
94				
13				

7. Arrondis la somme au 5 cents le plus proche en arrondissant le nombre de cents au multiple de 5 le plus proche.

a) 81 ¢ ________ b) 39 ¢ ________ c) 14 ¢ ________

d) 41 ¢ ________ e) 26 ¢ ________ f) 68 ¢ ________

8. Lewis croit que 73 ¢ arrondi au 10 cents le plus proche correspond à 70 ¢.
A-t-il raison? Explique.

____

NS3-89 Remettre la monnaie (notions avancées)

I. Tu as 10 $. Trouve la différence due lorsque tu dois payer le montant indiqué.

Montant à payer	Payé	Calcul	Différence due
2 $	10 $	10 $ – 2 $	8 $
4 $	10 $		
7 $	10 $		
3 $	10 $		
6 $	10 $		

2. Tu as 1 $. Trouve la différence due lorsque tu dois payer le montant indiqué.

Montant à payer	Payé	Calcul	Différence due
70 ¢	1 $	100 ¢ – 70 ¢	30 ¢
40 ¢	1 $		
60 ¢	1 $		
90 ¢	1 $		
50 ¢	1 $		

3. Trouve la différence jusqu'au prochain dollar complet plus élevé.

a) 2,30 $ 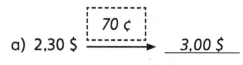   _3,00 $_

b) 5,80 $    _6,00 $_

c) 4,60 $ _____

d) 1,90 $ _____

e) 7,10 $ _____

f) 0,20 $ _____

g) 6,40 $ 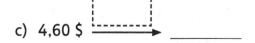   _____

h) 7,80 $ _____

Tu dois payer 6,40 $. Tu paies avec un billet de 10 dollars (10,00 $). Quelle est la différence due?

Étape 1 : Trouve le prochain montant complet en dollars après 6 $.   7 $

Étape 2 : Écris le montant d'argent donné.   10 $

Étape 3 : Trouve les différences dans les étapes.   60 ¢, 3 $

Étape 4 : Additionne les différences.   3,60 $

Différence due = 3,60 $

4. Tu dois payer le montant indiqué. Tu as un billet de 10 dollars.
   Trouve la différence due.

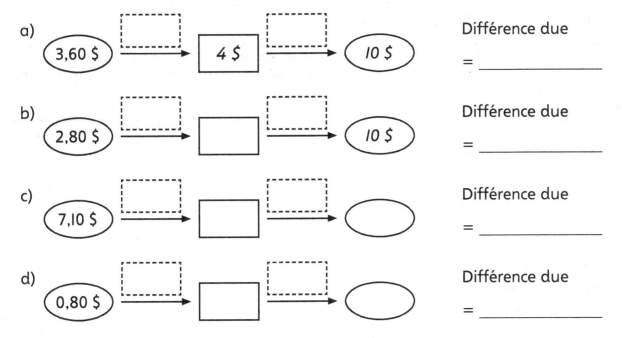

a) 3,60 $ → 4 $ → 10 $ Différence due = _____

b) 2,80 $ → → 10 $ Différence due = _____

c) 7,10 $ → →   Différence due = _____

d) 0,80 $ → →   Différence due = _____

BONUS ▶ Tu dois payer le montant indiqué. Tu as un billet de 20 dollars.
Trouve la différence due.

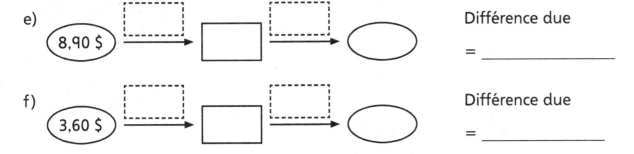

e) 8,90 $ → →   Différence due = _____

f) 3,60 $ → →   Différence due = _____

5. Tu dois payer le montant indiqué. Tu as un billet de 10 dollars.
Trouve la différence due.

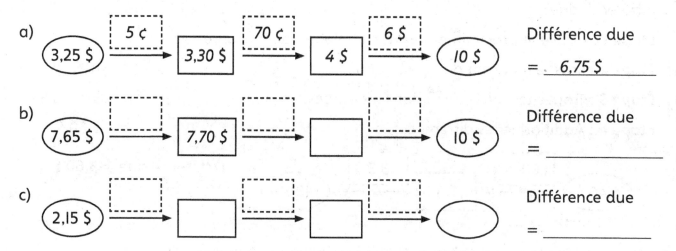

a) 3,25 $ → [5 ¢] 3,30 $ → [70 ¢] 4 $ → [6 $] 10 $ Différence due = __6,75 $__

b) 7,65 $ → [ ] 7,70 $ → [ ] [ ] → [ ] 10 $ Différence due = _____

c) 2,15 $ → [ ] [ ] → [ ] [ ] → [ ] ( )   Différence due = _____

6. Arrondis la somme au 5 cents le plus proche en arrondissant le nombre
de cents au multiple de 5 le plus proche.

Argent	$	¢	Cents arrondis au 5 cents le plus proche	Argent arrondi au 5 cents le plus proche
8,43 $	8 $	43 ¢	45 ¢	8,45 $
2,21 $				
9,78 $				
3,07 $				

7. Tu dois payer le montant indiqué. Tu as un billet de 10 dollars.
Arrondis le montant au 5 cents le plus proche, puis trouve la différence due.

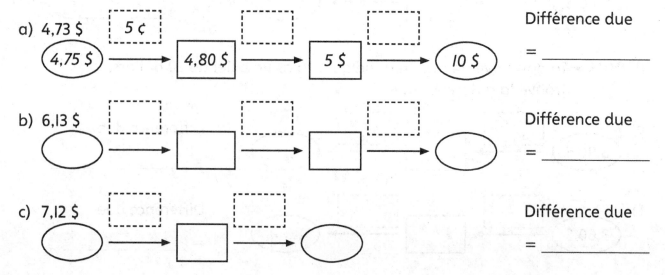

a) 4,73 $ [5 ¢]   [ ]   [ ]
4,75 $ → 4,80 $ → 5 $ → 10 $ Différence due = _____

b) 6,13 $ [ ]   [ ]   [ ]
( ) → [ ] → [ ] → ( )   Différence due = _____

c) 7,12 $ [ ]   [ ]
( ) → [ ] → ( )   Différence due = _____

G3-15 Les translations

1. Compte les carrés pour trouver de combien d'unités le point glisse
vers la droite entre *A* et *B*.

a)

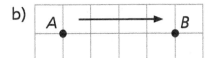

____3____ unités vers la droite

b)

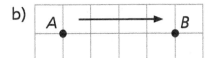

_____ unités vers la droite

c)

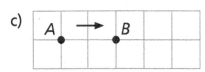

_____ unités vers la droite

2. Compte les carrés pour trouver de combien d'unités le point glisse
vers la gauche entre *A* et *B*.

a)

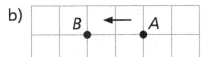

____5____ unités vers la gauche

b)

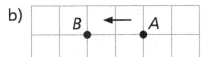

_____ unités vers la gauche

c)

_____ unités vers la gauche

3. Fais glisser le point.

a) 4 unités vers la droite

b) 6 unités vers la gauche

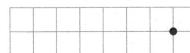

c) 7 unités vers la droite

4. De combien d'unités vers la droite et de combien d'unités vers le bas
le point glisse-t-il entre *A* et *B*?

a)

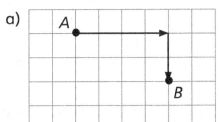

____4____ unités vers la droite

____2____ unités vers le bas

b)

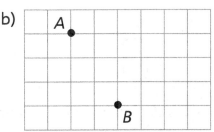

_____ unités vers la droite

_____ unités vers le bas

c)

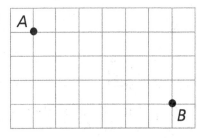

_____ unités vers la droite

_____ unités vers le bas

d)

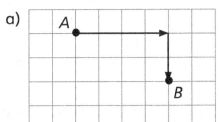

_____ unités vers la droite

_____ unités vers le bas

e)

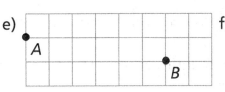

_____ unités vers la droite

_____ unités vers le bas

f)

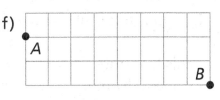

_____ unités vers la droite

_____ unités vers le bas

5. Fais glisser le point.

a) 4 unités vers la droite,
   2 unités vers le haut

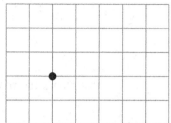

b) 5 unités vers la gauche,
   3 unités vers le haut

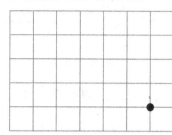

c) 3 unités vers la gauche,
   3 unités vers le bas

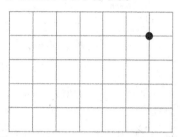

d) 2 unités vers la droite,
   1 unité vers le bas

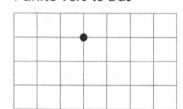

e) 1 unité vers la gauche,
   2 unités vers le bas

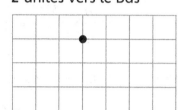

f) 5 unités vers la droite,
   2 unités vers le haut

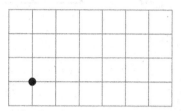

6. Colorie la même forme dans la seconde grille. Assure-toi que les points sont sur le même sommet dans les deux formes.

a)

b)

c)

d)

e)

f)

g)

h)

i)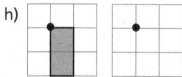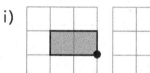

7. Copie les formes de sorte que les points sont sur le même sommet dans les deux formes.

a)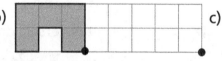

b)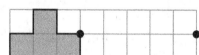

c)

Lorsque tu fais glisser une forme sans la tourner ni la retourner, tu la fais **translater.**

8. Fais translater la forme de 5 unités vers la gauche. Fais d'abord glisser le point, puis copie la forme.

a)

b)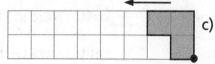

c)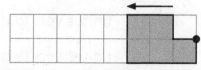

9. Fais translater la forme. Trace d'abord la flèche pour indiquer la direction. Fais ensuite glisser le point, puis copie la forme.

a) de 3 unités vers la droite

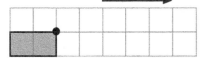

b) de 3 unités vers la gauche

c) de 4 unités vers la droite

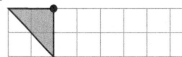

d) de 2 unités vers le bas

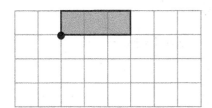

e) de 2 unités vers le haut

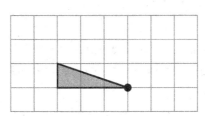

f) de 3 unités vers le bas

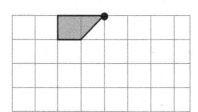

Pour faire translater une forme de 5 unités vers la droite et de 2 unités vers le bas :

Étape I : Dessine un point sur l'un des sommets de la forme.

Étape 2 : Dessine une flèche du nombre d'unités vers la droite.

Étape 3 : Dessine une flèche du nombre d'unités vers le bas à partir de la première flèche. Dessine un point à la fin de la flèche.

Étape 4 : Dessine la nouvelle forme de sorte que les points sont sur le même sommet dans les deux formes.

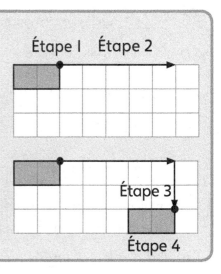

10. Exécute les étapes I, 2 et 3 pour faire translater la forme.

a) 3 unités vers la droite,
   I unité vers le haut

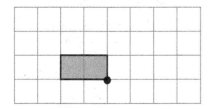

b) 4 unités vers la gauche,
   2 unités vers le bas

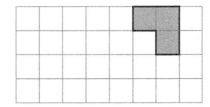

c) 3 unités vers la gauche,
   2 unités vers le haut

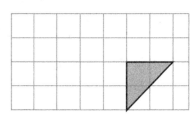

II. Fais translater la forme.

a) 3 unités vers la droite,
   2 unités vers le haut

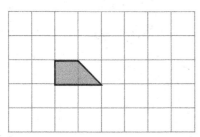

b) I unité vers la gauche,
   3 unités vers le haut

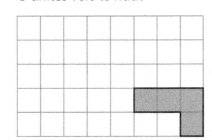

c) 5 unités vers la droite,
   I unité vers le bas

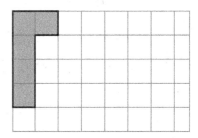

G3-16 Les translations sur des cartes

Pour décrire la translation d'un point, trace une flèche vers la droite ou vers la gauche et une autre flèche vers le haut ou vers le bas. Écris la longueur et la direction de chaque flèche. Par exemple, pour une translation de A vers B, déplace A de 3 unités vers la gauche et de 2 unités vers le haut.

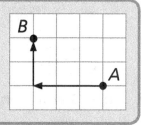

1. De combien d'unités vers la droite ou vers la gauche, puis vers le haut ou vers le bas dois-tu faire glisser l'étoile pour atteindre le point?

A : _____ unités vers le haut   B : _____ unités vers la droite

C : _____ unités vers la gauche, _____ unité vers le bas

D : _____ unités _____, _____ unités vers le haut

E : _____ unités vers la droite, _____ unités _____

F : _____ unité _____, _____ unités _____

G : _____

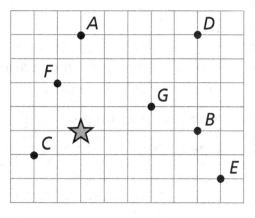

2. Les points sur la carte indiquent le trajet emprunté par Cathy dans un marais. Les zones en gris sont des tourbières. Décris le trajet de Cathy.

a) De A à B _2 unités vers la droite_____

b) De B à C _____

c) De C à D _____

d) De D à E _____

3. a) Décrit le trajet du canot de A à F.

De A à B _____

De B à C _____

De C à D _____

De D à E _____

De E à F _____

b) Décris un trajet plus court entre A et F.

_____

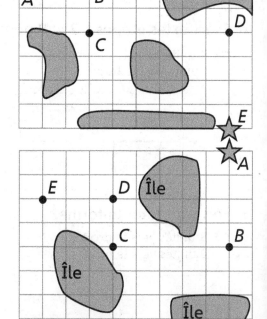

4. a) Décris le trajet.

De A à B   _3 unités vers la gauche, 2 unités vers le bas_

De D à C _____ unités vers la droite, _____ unités vers le haut

De B à C _____

b) Souligne le mot « de ». Encercle la lettre à laquelle tu dois commencer.

Passe <u>de</u>(A)à B.   Passe à B de C.

Passe à D de B.   Glisse de D vers A.

BONUS ▶ Passe de A à D en passant par B.

c) Comment peux-tu aller de B à D? _____

Comment peux-tu aller de A à C? _____

d) Marko se déplace de 4 unités vers la droite et de I unité vers le bas à partir de E.

À quel point se retrouve-t-il? _____

e) Quel point se trouve à 2 unités vers la gauche et à 5 unités vers le haut de D? _____

f) Quel point se trouve à I unité vers la droite et 3 unités vers le bas de E? _____

5. Utilise la carte et les flèches directionnelles pour répondre aux questions.

a) Quel endroit se trouve I bloc à l'est et 3 blocs au nord de la maisuon d'Iva? _____

b) Quel endroit se trouve 2 blocs à l'ouest et 2 blocs au nord de l'école? _____

c) Quel endroit se trouve I bloc au sud et 3 blocs à l'ouest de l'école? _____

d) Décris comment se rendre du parc à l'école.

_____

e) Décris comment se rendre à la bibliothèque à partir de l'école.

_____

f) Décris comment se rendre au parc à partir de la bibliothèque.

_____

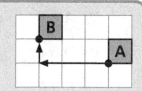

Ben veut se rendre du carré A au carré B. Il dessine un point sur le même coin des deux carrés.

Ben décrit comment faire translater le point :
3 unités vers la gauche, 1 unité vers le haut.
Pour passer de A à B, va 3 unités vers la gauche et 1 unité vers le haut.

6. Décris comment faire translater le carré A jusqu'au carré B.

a)

_____ unités _____

b)

_____ unités _____

c)

_____ unités _____ ,

_____ unités _____

BONUS ▶ La carte ci-dessous indique où sont assis les élèves. Utilise les indices pour inscrire les noms qui manquent.

Mandy		Tristan	
	Kim		Amir
Avril		Tom	

a) Marche 2 bureaux vers le bas et 1 bureau vers la droite à partir de Tristan pour trouver la place de Jin.

b) Le bureau de Leila est situé 1 bureau à gauche de Amir.

c) Sally est assise entre Mandy et Tristan.

d) Marche 2 bureaux vers la gauche et 1 bureau vers le haut à partir de Tom pour trouver le bureau de Zack.

e) Tasha se trouve un bureau à droite de Tristan.

f) Fred est assis entre Avril et Tom.

7. Utilise la carte pour répondre aux questions.

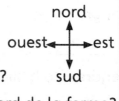

a) Eric fait 2 km vers l'est et 1 km vers le nord à partir de la ferme. Où s'en va-t-il?

b) Qu'est-ce qui se trouve à 2 kilomètres au nord de la ferme?

c) Tina est au lac. Décris son trajet vers la ville.

d) Comment peux-tu te rendre à la colline à partir du lac?

BONUS ▶ Matt veut se rendre de la ferme au lac. Il ne veut pas monter sur la colline. Décris son trajet.

G3-17 Les réflexions

RAPPEL ▶ Lorsque tu peux plier une forme en deux de sorte que les parties correspondent exactement, le pli est appelé la ligne de symétrie.

ligne de symétrie   pas une ligne de symétrie

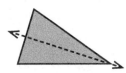   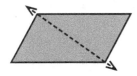   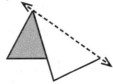

Lorsque tu plies le long de la ligne, la partie du haut ne recouvre pas la partie du bas.

1. Trace la ligne de symétrie.

a) 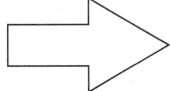   b)    c)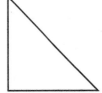

2. La forme a-t-elle une ligne de symétrie? Écris « oui » ou « non ».

a) 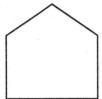   b)    c)

_____   _____   _____

Une ligne de symétrie est aussi appelée une **ligne miroir**. Les moitiés de la forme sont des **images miroirs** l'une de l'autre. Tu peux obtenir l'une d'entre elles en retournant l'autre au niveau de la ligne miroir.

3. La ligne en pointillé est la ligne miroir. Finis de tracer l'image miroir.

a) 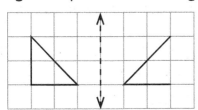   b)    c)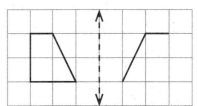

d) 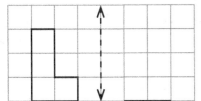   e) 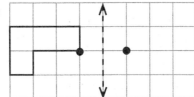   f)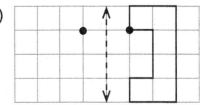

Lorsque tu dessines l'image miroir d'une forme, tu **reflètes** la forme à partir de la ligne miroir.

4. Reflète la forme à partir de la ligne miroir en pointillé.

a)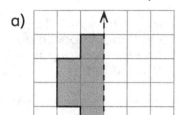

b)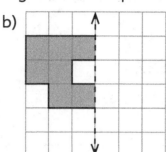

c)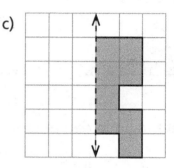

d)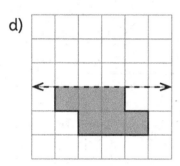

e)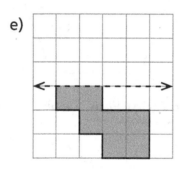

f)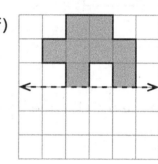

5. a) Dessine ta propre forme d'un côté de la ligne miroir. Reflète ensuite cette forme à partir de la ligne miroir.

   b) Les formes que tu as dessinées sont-elles congruentes? Comment le sais-tu?

   _____

   _____

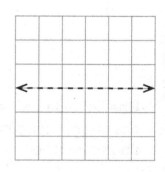

6. Grace fait une régularité en réfléchissant les formes à partir des lignes verticales. Dessine les 3 éléments suivants de sa régularité.

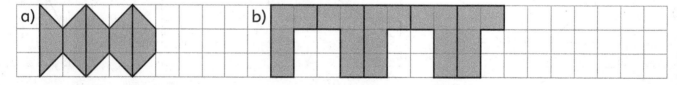

7. Utilise les réflexions pour dessiner ta propre régularité de formes.

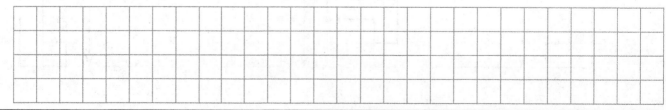

Retourner, glisser et tourner

Lorsque tu fais tourner une forme autour d'un point sans la retourner, tu lui fais faire une **rotation**.

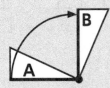 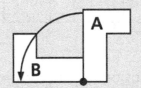 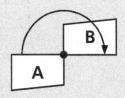

I. A-t-on fait faire une rotation autour d'un point à la forme C pour obtenir la forme D? Écris « oui » ou « non ».

a)

b)

c)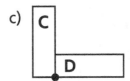

d)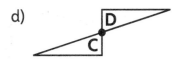

e)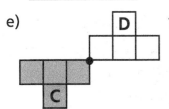

f)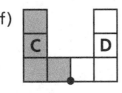

g)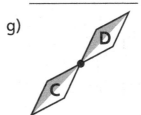

h)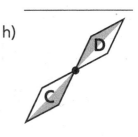

2. Laquelle des cartes B, C ou D est une rotation de la carte A? _____

A.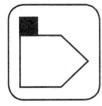

B.

C.

D.

3. Quelles cartes sont une rotation de la carte E? _____

E.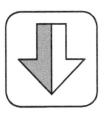

F.

G.

H.

4. Ed fait une régularité en faisant faire des rotations à une carte avec un bonhomme sourire. Dessine les 3 éléments suivants de sa régularité.
Indice : Décris la régularité en te servant des directions.

a)

b)

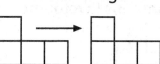 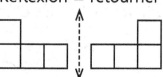 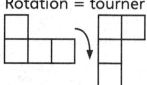
5. As-tu besoin de faire une translation ou une réflexion pour obtenir une forme à partir de l'autre? Encercle la réponse.

a)

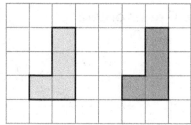

translation   réflexion

b)

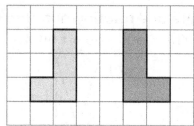

translation   réflexion

c)

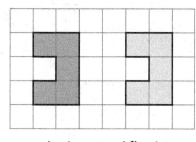

translation   réflexion

d)

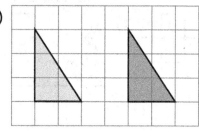

translation   réflexion

e)

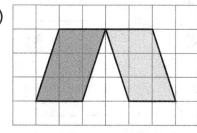

translation   réflexion

f)

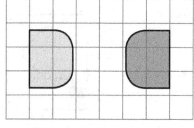

translation   réflexion

g)

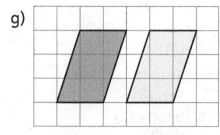

translation   réflexion

h)

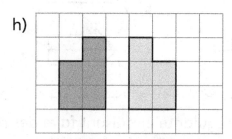

translation   réflexion

6. Quel attribut change lors d'une réflexion? La taille, la forme ou la direction? _____

7. As-tu besoin de faire une translation, une réflexion ou une rotation pour obtenir une forme à partir de l'autre? Choisis une réponse.

a)

b)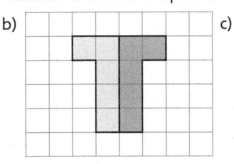

c)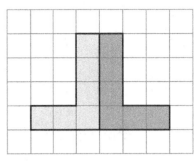

translation _____

_____

_____

d)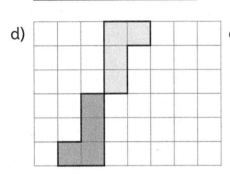

e)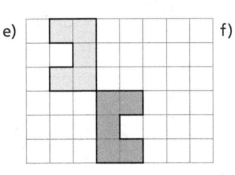

f)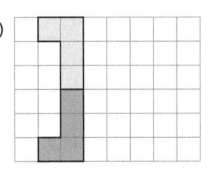

_____

_____

_____

g)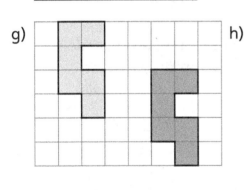

h)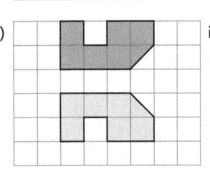

i)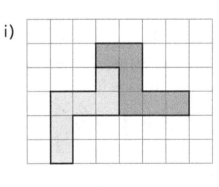

_____

_____

_____

BONUS ▶ Donne deux manières différentes d'obtenir une forme à partir de l'autre.

a)

b)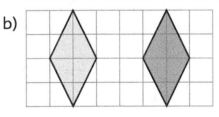

c)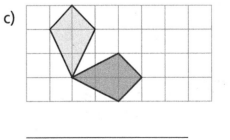

_____

_____

_____

_____

_____

_____

8. Kathy a deux cartes de plastique transparentes identiques. Elle fait une réflexion ou une rotation de l'une des cartes et la place à côté de l'autre carte. A-t-elle fait une réflexion ou une rotation de la carte?

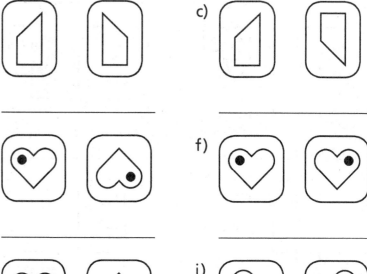

a) _____ rotation _____

b) _____

c) _____

d) _____

e) _____

f) _____

g) _____

h) _____

i) _____

9. Pour faire la régularité, on a fait une réflexion, une rotation ou une translation d'une forme. Dessine les deux éléments suivants de la régularité. Comment a-t-on constitué la régularité?

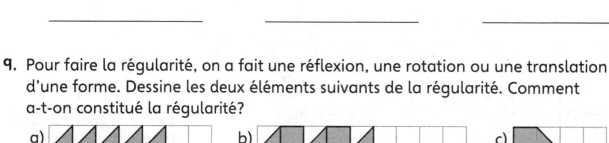

a) _____

b) _____

c)

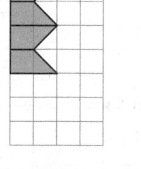

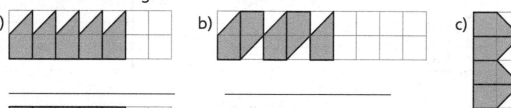

d) _____

BONUS ▶

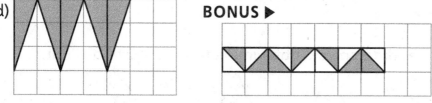

_____

10. Jack fait une régularité au moyen de translations, de réflexions et de rotations. Comment a-t-il obtenu chaque nouvelle figure à partir de la précédente?

Figure 1   Figure 2   Figure 3   Figure 4   Figure 5   Figure 6   Figure 7

G3-19 Les formes 3D

Les formes géométriques qui ne sont pas plates sont appelées des **formes 3D**.

 formes 3D
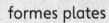 formes plates

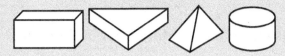

1. Encercle les formes 3D.

Les formes 3D ont des **faces**, des **arêtes** et des **sommets**.
Les faces sont plates. Elles se rencontrent au niveau des arêtes.
Les arêtes se rencontrent au niveau des sommets.

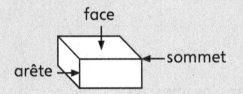

2. Quel est la forme de la face coloriée?

a)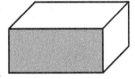

b)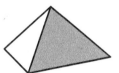

c)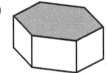

_____   _____   _____

3. Dessine un point sur chaque sommet que tu aperçois.

a)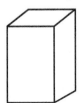

b)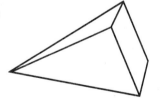

c)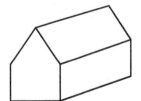

4. Trace les arêtes que tu aperçois.

a)

b)

c)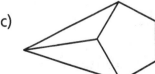

Tu ne peux pas voir les arêtes à l'arrière de la forme.
Utilise des lignes en pointillé pour indiquer
les **arêtes cachées**.

 arêtes cachées

5. Le point indique le sommet caché. Dessine des lignes en pointillé pour indiquer les arêtes cachées.

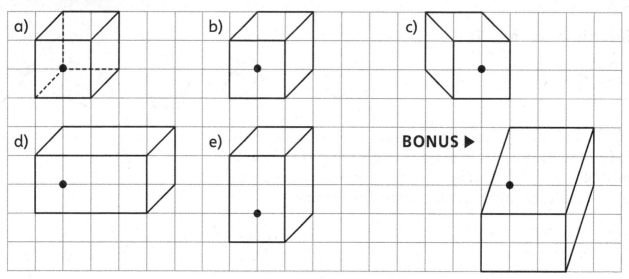

a)

b)

c)

d)

e)

BONUS ▶

6. En quoi les formes de la question 5 sont-elles différentes les unes des autres? _____

_____

7. Compte les arêtes.

a)

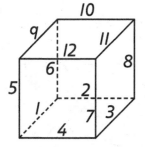

___12___ arêtes

b)

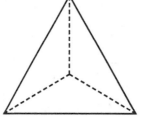

_____ arêtes

c)

_____ arêtes

d)

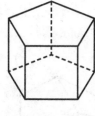

_____ arêtes

e)

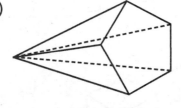

_____ arêtes

f)

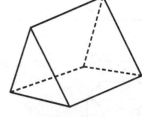

_____ arêtes

8. Dessine un point sur chaque sommet. Compte les sommets.

a)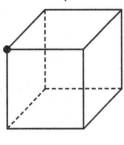

_____ sommets

b)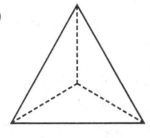

_____ sommets

c)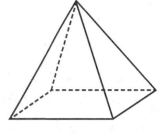

_____ sommets

9. a) Compte les sommets et les arêtes.

A.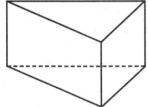

_____ sommets

_____ arêtes

B.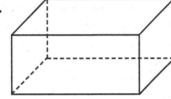

_____ sommets

_____ arêtes

C.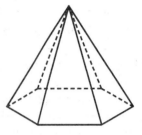

_____ sommets

_____ arêtes

D.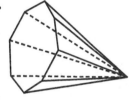

_____ sommets

_____ arêtes

E.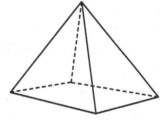

_____ sommets

_____ arêtes

F.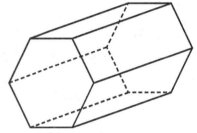

_____ sommets

_____ arêtes

b) Classe les formes dans le tableau et remplis le diagramdans lee de Venn. N'oublie pas de placer les formes possédant les deux propriétés dans la région centrale du diagramme.

7 sommets ou moins	10 arêtes ou plus

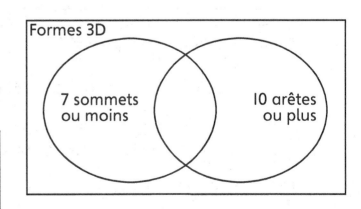

Formes 3D

7 sommets ou moins

10 arêtes ou plus

G3-20 Construire des pyramides et des prismes

> Un **squelette** de forme 3D comporte uniquement des arêtes et des sommets.
>
> Pour faire un squelette de **pyramide** :
>
> **Étape 1** : Fais un polygone en te servant de boules d'argile pour les sommets et de cure-dents pour les arêtes. Le polygone est la **base** de la pyramide.
>
> **Étape 2** : Ajoute un cure-dents pour chaque sommet.
>
> **Étape 3** : Joins les cure-dents au niveau du sommet du haut.

1. a) Fais une pyramide au moyen de boules d'argile et de cure-dents. Commence par le polygone indiqué. Remplis le tableau pour chaque pyramide.

Polygone de départ (Base)	Triangle	Carré	Pentagone	Hexagone
Nombre de côtés de la base				
Nombre de sommets de la pyramide				
Nombre d'arêtes de la pyramide				

   b) Décris la régularité que forme le nombre de sommets des pyramides.

   _____

   c) Décris la régularité que forme le nombre d'arêtes des pyramides.

   _____

2. a) Remplis le tableau sans faire les pyramides. Prépare les régularités de la question I.

Nombre de côtés de la base	7	8	9	10
Nombre de sommets de la pyramide				
Nombre d'arêtes de la pyramide				

   b) Comment peux-tu établir le nombre de sommets de la pyramide à partir du nombre de côtés de la base? _____

   c) La base d'une pyramide compte 20 côtés. Combien de sommets la pyramide comporte-t-elle? _____

   BONUS ▶ Combien d'arêtes la pyramide de la partie c) comporte-t-elle? _____

Pour faire un squelette de **prisme** :

Étape I : Fais deux copies du même polygone en te servant de
boules d'argile pour les sommets et de cure-dents pour les
arêtes. Ils forment les bases du prisme.

Étape 2 : Ajoute un cure-dents à chaque sommet de l'une des bases.

Étape 3 : Fixe l'autre base dans le haut des cure-dents.

3. **a)** Fais un prisme au moyen de boules d'argile et de cure-dents. Commence
par le polygone indiqué. Remplis le tableau pour chaque prisme.

Forme de la base	Triangle	Carré	Pentagone	Hexagone
Nombre de sommets du prisme				
Nombre d'arêtes du prisme				

b) Décris la régularité que forme le nombre de sommets des prismes.

_____

c) Décris la régularité que forme le nombre d'arêtes des prismes.

_____

4. **a)** Remplis le tableau sans faire les prismes.

Nombre de côtés d'une base	7	8	9	10
Nombre de sommets du prisme				
Nombre d'arêtes du prisme				

b) Comment peux-tu établir le nombre de sommets du prisme à partir du

nombre de côtés d'une base? _____

BONUS ▶ Comment peux-tu établir le nombre d'arêtes du prisme à partir

du nombre de côtés d'une base? _____

c) Une des bases d'un prisme compte 100 côtés. Combien de sommets le

prisme comporte-t-il? _____

BONUS ▶ Combien d'arêtes le prisme de la partie c) comporte-t-il? _____

Les pyramides ont une base. Utilise la forme de la base pour nommer la pyramide.

Forme de la base	Triangle	Carré	Rectangle	Pentagone
Nom de la pyramide	Triangulaire ou à base triangulaire	Carrée ou à base carrée	Rectangulaire ou à base rectangulaire	Pentagonale ou à base pentagonale
Pyramide				

5. a) La base d'une pyramide est un hexagone. Nomme la pyramide.

_____

   b) Quelle est la forme de la base d'une pyramide octogonale? _____

6. La base est coloriée. Nomme la pyramide.

a)

b)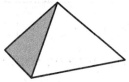

c)

   pyramide hexagonale

   _____   _____   _____

_____

Les prismes ont deux bases. Utilise la forme de la base pour nommer le prisme.

Forme de la base	Triangle	Carré	Rectangle	Pentagone
Nom du prisme	Triangulaire ou à base triangulaire	Carré ou à base carrée	Rectangulaire ou à base rectangulaire	Pentagonal ou à base pentagonale
Prisme				

7. Une des bases est coloriée. Nomme le prisme.

a)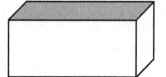

b)

c)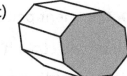

8. Dory pense que le nombre de sommets d'un prisme est le double du nombre de sommets d'une base du prisme. A-t-elle raison? Explique.

G3-21 Les faces des formes 3D

Dans les images de formes 3D, les faces rectangulaires ou carrées ne sont pas dessinées comme des rectangles ou des carrés avec angles droits. Toutes les faces d'un **cube** sont des carrés.

1. Quelle est la forme de la face coloriée?

a)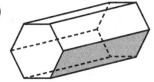

_____rectangle_____

b)

_____

c)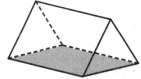

_____

d)

_____

e)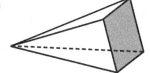

_____

f)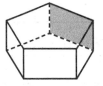

_____

2. Colorie la ou les faces de la forme indiquée.

a) pentagone

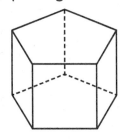

b) hexagone

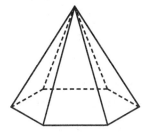

c) pentagone

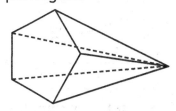

3. Compte les faces.

a)

_____ faces

b)

_____ faces

c)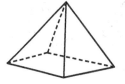

_____ faces

d)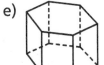

_____ faces

e)

_____ faces

f)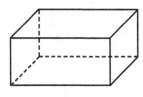

_____ faces

4. Utilise les formes ci-dessous pour remplir le tableau et le diagramme de Venn.

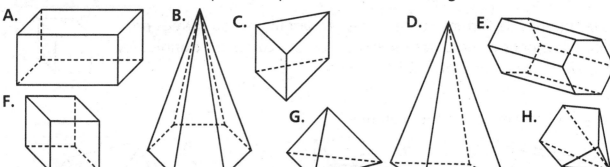

Propriété	Les formes avec la propriété
5 faces ou moins	
6 faces	
7 faces ou plus	

Formes 3D

6 faces ou moins   6 faces ou plus

RAPPEL ▶ Les pyramides ont une base et un sommet opposé à la base.
Les prismes ont deux bases identiques.

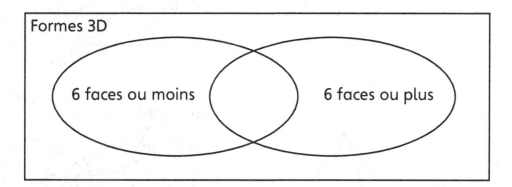

pyramides   prismes

5. Colorie la ou les bases.

a)
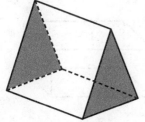

b)
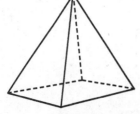

c)
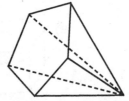

d)
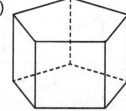

6. a) Utilise les formes ci-dessous pour remplir le tableau et le diagramme de Venn.

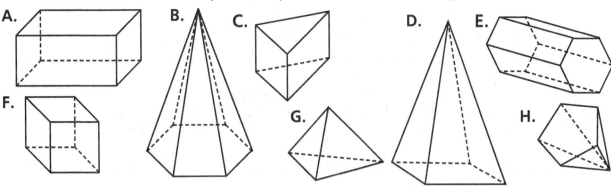

Propriété	Les formes avec la propriété
Au moins une face est un rectangle.	
Au moins une face est un triangle.	

Formes 3D

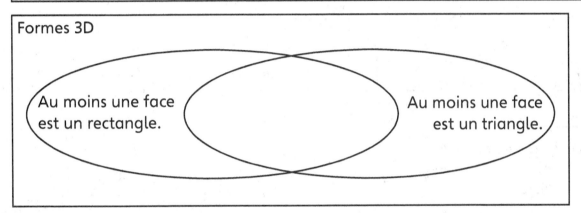

b) Encercle les pyramides ci-dessus en rouge. Encercle-les dans le diagramme de Venn.

Toutes les pyramides ont certaines faces qui sont _____.

c) Encercle les prismes ci-dessus en bleu. Encercle-les dans le diagramme de Venn.

Tous les prismes ont certaines faces qui sont _____.

RAPPEL ▶ Utilise la forme de la base pour nommer la pyramide ou le prisme.

pyramide pentagonale  prisme pentagonal

---

d) Deux formes 3D différentes comportent au moins une face qui est un hexagone. Écris les noms des formes.

e) Nomme les formes de la région centrale du diagramme de Venn de la partie b).

BONUS ▶ Quelles formes peuvent avoir toutes les faces de la même forme et de la même taille?

G3-22 Faire correspondre à des formes 3D

Tu peux découper et plier un **développement** pour faire une forme 3D.
Exemple : développement d'un cube

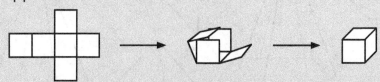

I. Associe le développement à la forme 3D.

A. 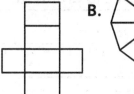 **B.** 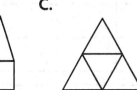 **C.**  **D.** 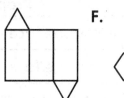 **E.** 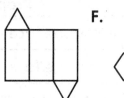 **F.**

a)   b)   c)   d)   e)   f)

_____   _____   _____   _____   _____   _____

2. Associe la forme au nom.

G.   **H.**   **I.**   **J.**   **K.**   **L.**   **M.**   **N.**

a) pyramide triangulaire _____   b) prisme hexagonal _____

c) pyramide pentagonale _____   d) pyramide hexagonale _____

e) prisme triangulaire _____   f) cube _____

g) prisme rectangulaire _____   h) prisme pentagonal _____

3. Quelle forme 3D suis-je?

a) J'ai 6 faces qui sont des triangles et I face qui est un hexagone.

_____

b) J'ai 6 faces qui sont des rectangles et 2 faces qui sont des hexagones.

_____

BONUS ▶ J'ai I0 faces en tout. Seulement 8 d'entre elles sont des rectangles.

_____

4. a) Fais la forme au moyen d'un développement, puis remplis le tableau.

| Forme | Nom | Nombre de | | | Dessin des faces |
		Faces	Sommets	Arêtes	
	pyramide carrée	5	5	8	

b) Deux formes ont le même nombre de faces, de sommets et d'arêtes. Lesquelles? En quoi ces formes sont-elles identiques et en quoi sont-elles différentes?

c) Quelles formes ont 6 sommets?

d) Quelle forme a 6 sommets et 5 faces?

e) Quelles formes ont 5 faces?

f) Quelle forme a 5 faces et 8 arêtes?

g) Quelle forme a le moins grand nombre de faces? A-t-elle aussi le moins grand nombre d'arêtes? Laquelle a le plus petit nombre de sommets?

BONUS ▶ Regarde le nombre de sommets dans les prismes. Un prisme peut-il avoir un nombre impair de sommets? Explique.

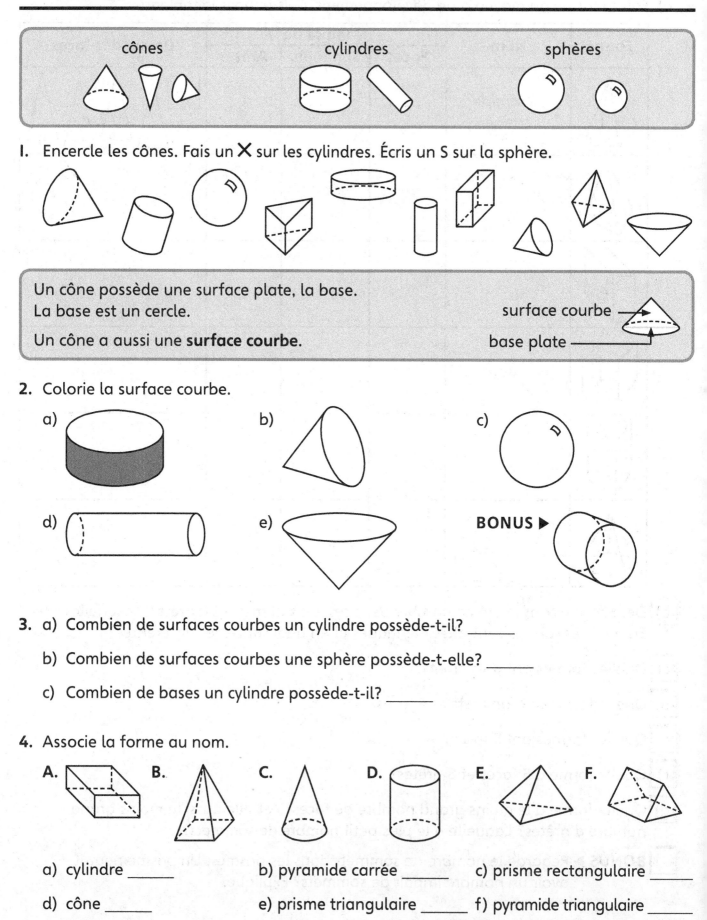

cônes   cylindres   sphères

I. Encercle les cônes. Fais un ✗ sur les cylindres. Écris un S sur la sphère.

Un cône possède une surface plate, la base.
La base est un cercle.

Un cône a aussi une **surface courbe**.

surface courbe ➜

base plate

2. Colorie la surface courbe.

a)

b)

c)

d)

e)

BONUS ▶

3. a) Combien de surfaces courbes un cylindre possède-t-il? _____

   b) Combien de surfaces courbes une sphère possède-t-elle? _____

   c) Combien de bases un cylindre possède-t-il? _____

4. Associe la forme au nom.

A.   B.   C.   D.   E.   F.

a) cylindre _____   b) pyramide carrée _____   c) prisme rectangulaire _____

d) cône _____   e) prisme triangulaire _____   f) pyramide triangulaire _____

5. a) Compare un cube et une pyramide carrée.

			Identique?
Nombre de faces			
Nombre de faces triangulaires			
Nombre de faces carrées			
Nombre d'arêtes			
Nombre de sommets			

b) Compare un cône et un cylindre.

			Identique?
Nombre de faces plates			
Nombre de surfaces courbes			
Forme des faces plates			

6. Compare les formes. N'oublie pas d'inclure le nombre de faces, d'arêtes et de sommets ainsi que les formes des faces.

a) 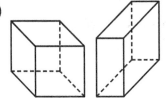 b) 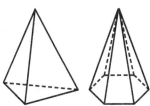 c)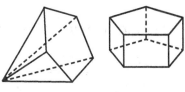

7. Quelle forme suis-je?

a) J'ai une surface courbe et aucune face plate.

b) J'ai 5 faces. Seulement 1 d'entre elles est un rectangle.

BONUS ▶ J'ai 12 arêtes. Elles sont toutes de la même longueur. Je ne suis pas une pyramide.

BONUS ▶ Six de mes faces sont carrées. Je ne suis pas un cube.

Un pictogramme utilise des symboles pour montrer des données.

Sur ce pictogramme, le symbole ⚲ signifie 1 élève.

2 élèves mangent le repas du midi à la maison.

5 élèves mangent le repas du midi à l'école.

Lieu du repas du midi

| À la maison | ⚲ ⚲ |
| À l'école | ⚲ ⚲ ⚲ ⚲ ⚲ |

1. Utilise le pictogramme pour répondre à la question.

Nombre de jours de pluie

avril	💧	💧	💧	💧	💧	💧	💧	💧
mai	💧	💧	💧	💧	💧			
juin	💧	💧	💧	💧				
juillet	💧	💧	💧					
août	💧	💧	💧	💧				
septembre								

💧 = 1 jour

a) Combien y a-t-il eu de jours de pluie chaque mois?

   juin _____   mai _____   août _____

b) Quel mois a eu seulement 3 jours de pluie? _____

c) Quels mois avaient le même nombre de jours de pluie? _____

d) Combien y a-t-il eu de jours de pluie de plus en avril comparativement

   à août? _____

e) Le mois de juin compte 30 jours. Combien de jours n'y a t-il pas eu de pluie?

   Écris l'équation de soustraction. _____

f) Le mois de septembre compte 7 jours de pluie. Montre cela sur le pictogramme.

g) Quel mois compte le plus de jours de pluie? _____

h) Quel mois compte le moins de jours de pluie? _____

2. Utilise le pictogramme pour répondre aux questions.

a) **Repas du midi de la classe de Jay**   😊 = I élève

À l'école	😊 😊 😊 😊 😊 😊 😊
À la maison	😊 😊 😊 😊 😊 😊 😊 😊 😊 😊 😊

Les élèves de la classe de Jay mangent-ils plus souvent à la maison

ou à l'école? _____ Combien de fois de plus? _____

b) **Repas du midi de la classe de Kate**   😊 = I élève

À l'école	😊 😊 😊 😊 😊 😊 😊 😊
À la maison	😊 😊 😊 😊 😊 😊 😊 😊 😊

Kate croit que plus d'élèves mangent à l'école le midi. A-t-elle raison? _____

c) Corrige le pictogramme de la partie b) afin que cela soit plus facile à lire.

Repas du midi de la classe de Kate   😊 = I élève

À l'école												
À la maison												

Les élèves de la classe de Kate mangent-ils plus souvent à la maison

ou à l'école? _____ Combien de fois de plus? _____

d) Utilise les données des pictogrammes des parties a) et c) pour faire un nouveau diagramme.

Repas du midi à l'école   😊 = I élève

Classe de Jay												
Classe de Kate												

Les élèves de la classe de Jay ou de Kate mangent plus souvent

à l'école? _____ Combien de fois de plus? _____

3. Rob a demandé à ses amis de voter pour leur sport favori.

a) Fais un cercle pour chaque vote.

Sport favori	Nombre d'élèves
Baseball	5
Hockey	6
Volleyball	3
Soccer	4

Sports favoris des élèves   ◯ = I élève

Baseball	◯	◯	◯	◯	◯	
Hockey						
Volleyball						
Soccer						

b) Quel est le sport le plus populaire? _____

Comment peux-tu voir cela dans le pictogramme? _____

_____

c) Combien d'élèves de plus ont voté pour le baseball plutôt que le volleyball? _____

d) Combien d'élèves au total ont voté pour des sports joués avec un ballon? _____

BONUS ▶ Combien d'élèves de plus ont voté pour des sports joués avec un ballon

plutôt que le hockey? _____

4. Certains élèves de la classe de Jane font des activités parascolaires.

a) Fais des cercles pour montrer les données.

6 élèves suivent des cours d'art.
3 élèves de plus jouent au soccer plutôt que de suivre des cours d'art.
2 élèves de moins suivent des cours de musique plutôt que des cours d'art.

Activités parascolaires   ◯ = I élève

Art										
Soccer										
Musique										
Aucune activité										

b) La classe de Jane compte 23 élèves. Combien d'élèves ne font
aucune activité après l'école? Montre cela sur le pictogramme.

PDM3-5 Les pictogrammes

Une **échelle** montre la signification d'un symbole sur un pictogramme.

10 élèves mangent le repas du midi à la maison et 20 élèves à l'école. Les deux pictogrammes montrent les mêmes données, mais utilisent des échelles différentes.

Lieu du repas du midi

À la maison	♀
À l'école	♀ ♀

♀ = 10 élèves ← échelle →

Lieu du repas du midi

À la maison	♀ ♀
À l'école	♀ ♀ ♀ ♀

♀ = 5 élèves

1. Regarde l'échelle et multiplie pour trouver ce que chaque groupe de symboles signifie.

a) ♀ = 5 personnes

♀♀♀ = _15_ personnes ♀♀♀♀♀ = ______ personnes

b) ✻ = 2 fleurs

✻✻ = ______ fleurs ✻✻✻✻ = ______ fleurs

✻✻✻✻✻✻✻ = ______ fleurs

c) □ = 3 boîtes

□□□ = ______ boîtes □□□□□ = ______ boîtes

□□□□□□□ = ______ boîtes □□□□□□□□□ = ______ boîtes

BONUS ▶ Si ☺ = 20 personnes, combien représente ☺☺☺☺☺ ? ______

2. Regarde l'échelle et dessine les symboles pour montrer chaque nombre.

a) □ = 4 boîtes

12 boîtes = □□□ 8 boîtes =

b) □ = 5 boîtes

15 boîtes = 30 boîtes =

3. a) Utilise le pictogramme pour remplir le tableau.

Fleurs dans le jardin d'Evan 🌷 = 2 fleurs

Roses	🌷 🌷 🌷 🌷
Pensées	🌷 🌷
Pétunias	🌷 🌷 🌷 🌷 🌷 🌷

Type de fleur	Nombre de fleurs
Roses	
Pensées	
Pétunias	

b) Utilise les donrtie a) pour dessiner un pictogramme avec une nouvelle échelle.

Fleurs dans le jardin d'Evan 🌷 = 4 fleurs

Roses					
Pensées					
Pétunias					

c) Combien de pétunias Evan a-t-il de plus comparativement aux pensées? _____

d) Combien de fleurs Evan a-t-il au total? _____

Une moitié de symbole = la moitié du nombre. Exemple : si ☺ = 4, donc ◖ = 4 ÷ 2 = 2.

4. La Ire rangée montre ce que ☺ signifie. Qu'est-ce que ◖ signifie? Remplis le tableau.

☺	10	2	6	20	14	12	200
◖	5						

Si ☺ = 10, donc ☺ ☺ ☺ = 3 × 10 = 30, et ☺ ☺ ☺ ◖ = 30 + 5 = 35.

---

5. La première rangée montre ce qu'un symbole signifie. Qu'est-ce que chaque groupe de symboles signifie?

a)

☆	6	2	10
☆☆	12		
⟨	3		
☆☆⟨	15		

b)

⚥	2	4	10
⚥⚥⚥⚥			
⚤			
⚥⚥⚥⚥⚤			

PDM3-6 Créer des pictogrammes

I. a) On trouve 25 formes dans la
       photo. Compte chaque forme.

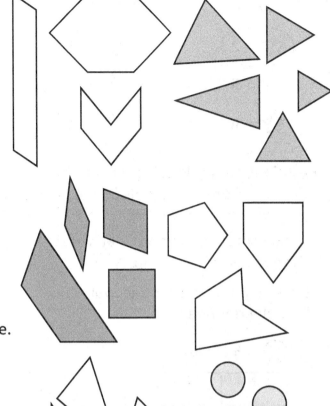

Forme	Nombre de formes
Triangle	
Quadrilatère	
Pentagone	
Hexagone	
Cercle	

   b) Choisis un symbole pour ton
      pictogramme. Assure-toi qu'il soit
      facile de dessiner la moitié d'un symbole.

   c) Dessine un pictogramme à l'aide de ton
      symbole. Souviens-toi de remplir l'échelle.

Formes dans la photo

Triangle						
Quadrilatère						
Pentagone						
Hexagone						
Cercle						

   _____ = 2 formes

   d) Quelle est la forme qui apparaît le plus souvent dans la photo? _____

      Quelle est la forme qui apparaît le moins souvent dans la photo? _____

   e) Les polygones ont des côtés droits.
      Combien y a-t-il de polygones dans la photo? _____

   f) Combien y a-t-il de polygones de plus que de cercles dans la photo? _____

2. La première ligne montre les données. Encercle la meilleure échelle pour les données.

a) 12, 6, 8

☆ = 2 (encerclé)

☆ = 5

☆ = 10

b) 30, 20, 40

☆ = 2

☆ = 3

☆ = 10

c) 9, 12, 6

☆ = 3

☆ = 5

☆ = 10

d) 25, 10, 35

☆ = 2

☆ = 3

☆ = 5

> **RAPPEL ▶** Le **mode** est la valeur de données la plus courante.
> Dans l'ensemble 3, 3, 4, 4, 4, 5, 5, 6, le mode est 4.

3. Lily a compté le nombre d'élèves de chaque niveau au camp.

Dessine un pictogramme pour l'échelle donnée.

Niveau	1	2	3	4	5
Nombre d'élèves	15	10	20	5	10

a) ☺ = 5 élèves

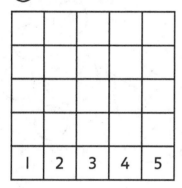

Niveau

b) ☺ = 10 élèves

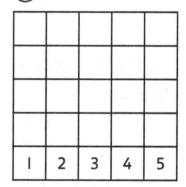

Niveau

c) Quel est le mode? Comment peux-tu trouver le mode dans un pictogramme?

4. Utilise le pictogramme pour répondre aux questions.

a) Combien d'élèves de plus ont visité Vancouver comparativement à Ottawa? _____

b) Combien d'élèves de moins ont visité Calgary comparativement à Ottawa? _____

c) 15 élèves de plus ont visité Toronto comparativement à Winnipeg. Montre cela sur le pictogramme.

Villes visitées par les élèves

Calgary, AB	☾
Toronto, ON	☺ ☺ ☺ ☾
Ottawa, ON	☺ ☺ ☺
Vancouver, BC	☺ ☺ ☺ ☺
Winnipeg, MB	

☺ = 10 élèves

Probabilité et traitement de données 3-6

PDM3-7 Introduction aux diagrammes à bandes

Un **diagramme à bandes** utilise des **bandes** pour montrer des données.

Chaque diagramme à bandes a un **titre**, des **étiquettes**, deux **axes** et une **échelle**.

Ce diagramme à bandes montre que le refuge compte 5 chats et 3 chiens.

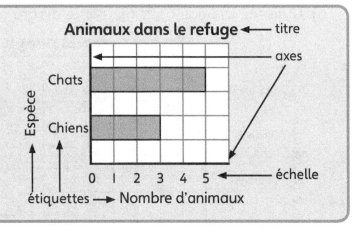

1. Le diagramme à bandes montre les poissons à l'aquarium.

   Poissons à l'aquarium

   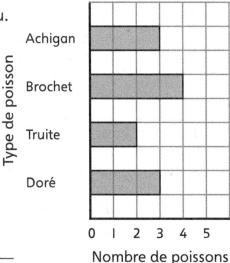

   a) Utilise le diagramme à bandes pour remplir le tableau.

Espèce de poisson	Nombre de poissons
Achigan	3
Brochet	
Truite	
Doré	

   b) Quelle est l'espèce de poisson la plus commune? _____

   c) Quelle est l'espèce de poisson la moins commune? _____

   d) Combien de poissons y a-t-il à l'aquarium au total? _____

2. Utilise le diagramme à bandes pour répondre aux questions.

   a) Combien d'élèves ont les cheveux noirs? _____

   b) Combien d'élèves ont les cheveux blonds? _____

   c) 2 élèves ont les cheveux roux.
      Dessine une bande pour eux.

   d) Combien d'élèves n'ont pas les
      cheveux noirs? _____

   e) Combien y a-t-il d'élèves dans la classe? _____

   Couleurs de cheveux dans la classe

   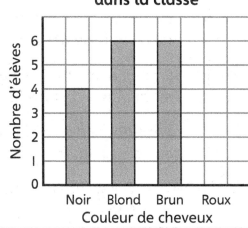

3. Arsham a compté les oiseaux qu'il a observés dans le parc.

a) Utilise le tableau pour remplir le diagramme à bandes.

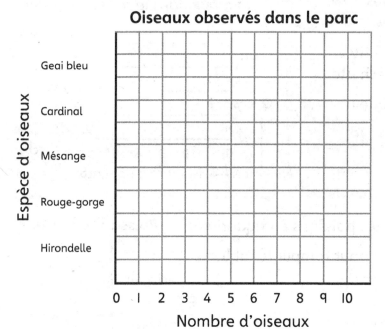

Oiseaux observés dans le parc

Espèce d'oiseau	Nombre d'oiseaux
Geai bleu	2
Cardinal	4
Mésange	7
Rouge-gorge	4
Hirondelle	10

b) Quel oiseau a-t-il observé le plus souvent dans le parc? _____

Comment le diagramme à bandes le montre-t-il? _____

c) Combien d'hirondelles de plus que de rouges-gorges
Arsham a-t-il observés? _____

d) Combien d'oiseaux Arsham a-t-il observés au total? _____

e) Un geai bleu a une masse d'environ 85 g. Combien les geais bleus
qu'Arsham a observés pèsent-ils ensemble? _____

f) Une hirondelle a une masse d'environ 20 g. Quel groupe est le plus lourd,
toutes les hirondelles qu'Arsham a observées ou tous les geais bleus?

g) Une mésange a une masse d'environ 10 g. Est-ce que toutes les mésanges
qu'Arsham a observées, ensemble, pèsent plus lourd qu'un geai bleu?

h) Un cardinal a une masse d'environ 45 g. Utilise le doublage pour
trouver la masse de tous les cardinaux qu'Arsham a observés.

i) Un rouge-gorge a une masse d'environ 80 g. Trouve la masse de tous les
rouges-gorges qu'Arsham a observés?

BONUS▶ Quelle était la masse totale de tous les oiseaux qu'Arsham
a observés?

4. Amy a demandé à ses amis quels étaient leurs sports favoris et a inscrit les résultats sur une fiche de pointage.

Sport favori	Baseball	Volleyball	Hockey	Soccer
Pointage	卌 ||	||||	卌 ||||	||
Comptage				

a) Complète le « comptage » sur la fiche de pointage d'Amy.

b) Utilise la fiche de pointage pour remplir le diagramme à bandes ci-dessous.

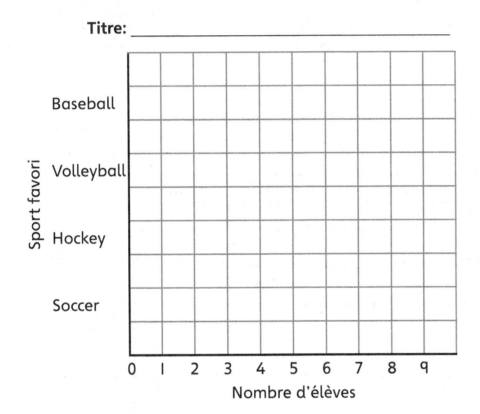

Titre: _____

c) Quel sport a le plus de valeurs de données? _____

Comment le diagramme révèle-t-il cela? _____

_____

d) Écris deux conclusions auxquelles Amy peut arriver à partir de ses données.

_____

_____

PDM3-8 Les diagrammes à bandes

Certains diagrammes à bandes utilisent le compte par bonds dans une échelle.

1. Tessa a demandé à ses amis quel était leur jus préféré. Elle a fait un diagramme à bandes pour montrer les résultats.

   a) Quelle est la saveur la plus populaire?

   _____

   b) Quelle est la saveur la moins populaire?

   _____

   c) Roy veut amener les deux saveurs de jus les plus populaires à une fête. Quelles saveurs de jus devrait-il amener?

   _____

   d) Quel nombre a-t-on utilisé pour faire le comptage par bonds? _____

   e) Compte par bonds pour remplir le tableau à l'aide du diagramme à bandes.

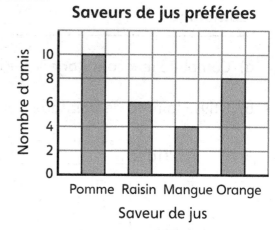

Saveurs de jus préférées

Saveur de jus	Pomme	Raisin	Mangue	Orange
Nombre d'amis	10			

2. Rick a demandé à ses camarades de classe quel était leur moyen de transport préféré : la voiture, l'avion ou le train. Les réponses sont présentées dans un diagramme à bandes.

   a) Quel nombre a-t-on utilisé pour faire le comptage par bonds? _____

   b) La bande pour la voiture compte _____ blocs. Chaque bloc montre _____ élèves.

   c) Utilise le diagramme pour remplir le tableau.

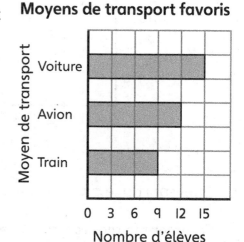

Moyens de transport favoris

Moyen de transport	Nombre de blocs	Multiplication	Nombre d'élèves
Voiture	5	$5 \times 3 = 15$	15
Avion			
Train			

3. Un parc national a demandé à 100 personnes de voter pour leur activité préférée dans le parc. Certains résultats sont présentés dans le tableau.

Activité	Nombre de personnes
Voile	10
Cyclisme	
Randonnée	15
Natation	50

a) Combien de personnes n'ont pas choisi le cyclisme?

_____

b) Combien de personnes ont choisi le cyclisme? Écris ce nombre dans le tableau.

c) Par quel nombre l'échelle dans le diagramme compte-t-elle à la partie e) ci-dessous? _____

d) Remplis le tableau.

Activité	Nombre de personnes	Division	Longueur des bandes
Voile	10	10 ÷ 5 = 2	2
Cyclisme			
Randonnée			
Natation			

e) Complète le diagramme à bandes.

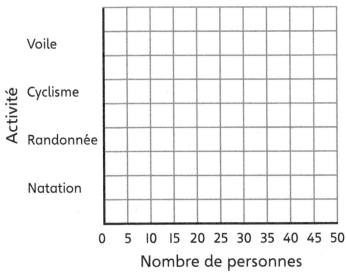

Activité préférée au parc

4. Des élèves de 3e année ont ramassé des manteaux pour des organismes de charité.

Ils ont ramassé 3 fois plus de manteaux en janvier qu'en décembre.

Ils ont ramassé 6 manteaux de plus en février qu'en décembre.

Ensemble, ils ont ramassé 18 manteaux.

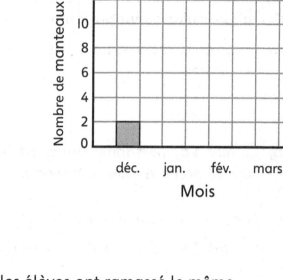

Manteaux ramassés

a) Utilise les indices ci-dessus pour remplir les bandes.

b) Quel mois les élèves ont-ils ramassé le

plus de manteaux? _____

c) Quels sont les deux mois au cours desquels les élèves ont ramassé le même

nombre de manteaux? _____ et _____

d) Combien de manteaux ont-ils ramassé de moins en

mars comparativement à février? _____

5. Le diagramme à bandes montre combien de neige est tombé à Ottawa, ON durant l'année.

Chutes de neige moyennes à Ottawa, ON

Temps de l'année / Neige (cm)

janvier–mars

avril–juin

juillet–septembre

octobre–décembre

0 10 20 30 40 50 60 70 80 90 100

a) Combien de centimètres de neige de plus sont tombés les trois premiers mois de l'année comparativement aux trois derniers mois?

b) Combien de neige est-il tombé durant toute l'année?

c) Quels mois n'ont pas de bandes? Explique pourquoi.

Probabilité et traitement de données 3-8

Les échelles des diagrammes à bandes

> Une bande peut se terminer entre deux nombres sur un diagramme à bandes.

1. Les élèves ont voté pour leur activité estivale préférée.
Le diagramme à bandes montre les résultats.

   a) Remplis les espaces vides.

Activité préférée	Nombre d'élèves
Baseball	5
Soccer	
Natation	
Planche à voile	

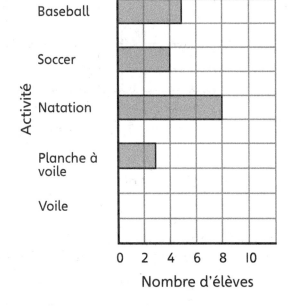

Activité estivale préférée

   b) 7 élèves ont choisi la voile. Ajoute la bande au diagramme à bandes.

   c) Remplis les espaces vides.

   _____ élèves de moins ont choisi le soccer plutôt que la natation.

   _____ élèves de plus ont choisi la natation plutôt que le baseball.

   _____ élèves ont choisi des activités aquatiques.

   _____ élèves de plus ont choisi des activités aquatiques plutôt que des jeux de ballon.

   _____ était l'activité la plus populaire.

   _____ était l'activité la moins populaire.

   BONUS ▶ Kevin pense que la bande pour la natation compte 2 blocs de plus que celle pour le soccer, donc 2 élèves de plus ont voté pour la natation. A-t-il raison? Explique.

   _____

   _____

   _____

2. Jake et Hanna ont interrogé leurs camarades de classe sur leurs animaux favoris. Les diagrammes à bandes montrent les résultats.

Diagramme à bandes de Jake :

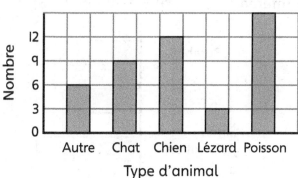

Animaux favoris des élèves de 3e année

Diagramme à bandes de Hanna :

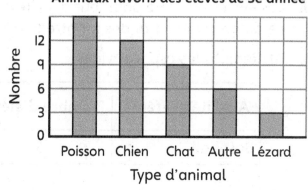

Animaux favoris des élèves de 3e année

a) Remplis le tableau.

Type d'animal favori	Nombre d'animaux	
	Graphique de Jake	Graphique d'Hanna
Autre		
Chat		
Chien		
Lézard		
Poisson		

b) Les diagrammes montrent-ils la même information? _____

Les diagrammes se ressemblent-ils? _____

c) Comment Jake a-t-il choisi de classer les étiquettes sur l'axe horizontal?

_____

Comment Hanna a-t-elle choisi de classer les étiquettes sur l'axe horizontal?

_____

d) Quel animal favori revient le plus souvent? _____

Sur quel diagramme est-ce plus facile à voir? _____

3. Sara fait une recherche sur des races de chien.

a) Remplis le tableau à l'aide du diagramme I.

Race de chien	Masse (kg)
Beagle (B)	
Collie (C)	
Dalmatien (D)	
Husky (H)	
Pug (P)	

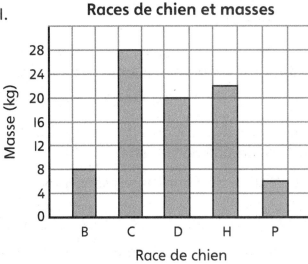

Diagramme I
Races de chien et masses

b) Par quel nombre l'échelle compte-t-elle par bonds? _____

c) Y a-t-il des bandes qui se terminent entre les nombres? _____

d) Combien de blocs la plus longue bande a-t-elle? _____

e) Utilise le tableau pour terminer le diagramme 2 avec une échelle qui compte par bonds de 2 pour montrer la même information.

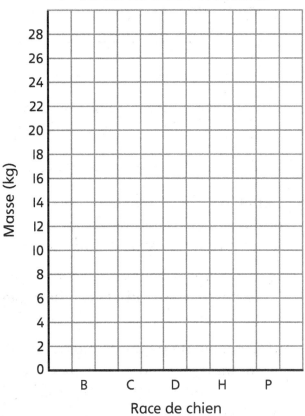

Diagramme 2
Races de chien et masses

f) Y a-t-il des bandes qui se terminent entre les nombres? _____

g) Quel diagramme prend le plus d'espace? _____

h) Utilise les diagrammes pour indiquer quelle race de chien a une masse de 8 kg de plus qu'un dalmatien.

_____

Quel diagramme est le plus facile à utiliser? _____

i) Utilise les diagrammes pour trouver quelle race pèse 22 kg de moins qu'un collie. _____

Quel diagramme est le plus facile à utiliser? _____

Certains diagrammes à bandes ne sont pas présentés sur une grille.

Ce diagramme montre que Vicky a 4 autocollants de sports, 8 d'animaux et 5 d'aliments.

Le mode est la valeur de données la plus fréquente.

Dans les autocollants de Vicky, les autocollants d'animaux sont le mode.

La valeur de données survient 8 fois.

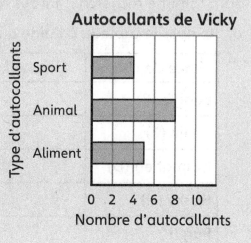

Autocollants de Vicky

4. Les élèves ont voté pour leur petit déjeuner préféré.

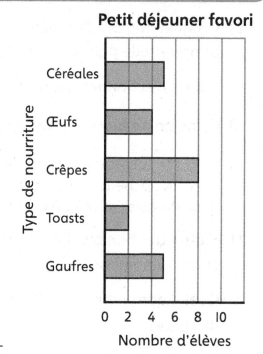

Petit déjeuner favori

a) Remplis le tableau.

Type d'aliment	Nombre d'élèves
Céréales	
Œufs	
Crêpes	
Toasts	
Gaufres	

b) Combien d'élèves de plus ont voté pour des crêpes plutôt que des céréales? _____

c) Quel est le mode sur ce diagramme à bandes? _____

5. Des élèves de 3e année ont ramassé de la nourriture pendant une semaine pour la charité. Ils montrent les résultats dans un diagramme.

a) Combien de boîtes de plus ont été ramassées le vendredi comparativement au lundi?

b) Combien de boîtes de moins ont été ramassées le mardi et le mercredi comparativement au vendredi?

c) Combien de boîtes les élèves ont-ils ramassées au total?

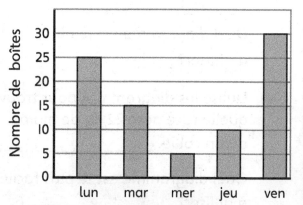

Boîtes ramassées

Probabilité et traitement de données 3-9

PDM3-10 Comparer des diagrammes

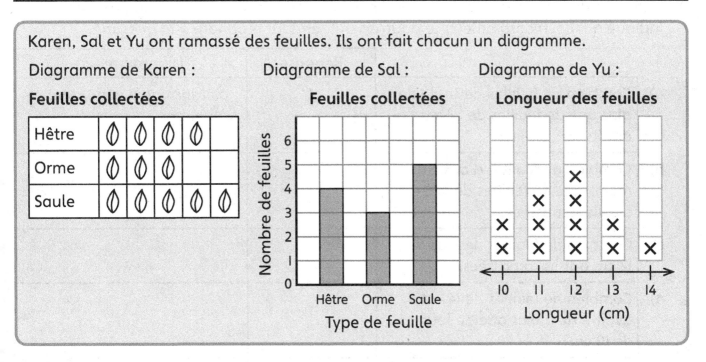

Karen, Sal et Yu ont ramassé des feuilles. Ils ont fait chacun un diagramme.

Diagramme de Karen :

Feuilles collectées

Hêtre	◊ ◊ ◊ ◊
Orme	◊ ◊ ◊
Saule	◊ ◊ ◊ ◊ ◊

Diagramme de Sal :

Feuilles collectées

Diagramme de Yu :

Longueur des feuilles

1. a) Quel type de diagramme chaque élève a-t-il dessiné?

Karen : _____ Sal : _____ Yu : _____

b) Qu'ont les diagrammes en commun? Fais un ✓ ou un ✗.

Caractéristique	Pictogramme	Diagramme à bandes	Diagramme à droite numérique
Titre			
Étiquettes			
Droite numérique			
Axe vertical			
Échelle			
Symboles			

c) Combien de feuilles Karen, Sal et Yu ont-ils ramassées? _____
Comment chaque diagramme montre-t-il cela?

Pictogramme : _____

Diagramme à bandes : _____

Diagramme à droite numérique : _____

2. Utilise les diagrammes que Karen, Sal et Yu ont faits pour répondre à la question.
   Indique quel(s) diagramme(s) tu pourrais utiliser pour répondre à la question.

		Réponse	Diagramme(s)
a)	Combien de feuilles de saule de plus que de feuilles de hêtre ont-ils ramassées?	1	*pictogramme, diagramme à bandes*
b)	Combien de feuilles d'orme de moins que de feuilles de hêtre ont-ils ramassées?		
c)	Combien de feuilles de plus de 12 cm ont-ils ramassées?		
d)	Combien de feuilles de 14 cm y avait-il de moins que de feuilles de 10 cm?		
e)	Quel était le type de feuille le plus commun?		

3. Les élèves ont voté pour leur type de livre favori.

   a) Fais un diagramme à bandes montrant les mêmes données que le pictogramme.

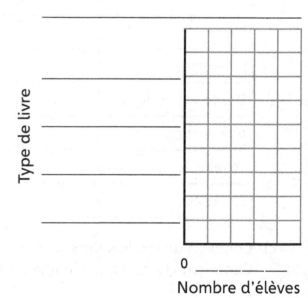

Type de livre favori			
Fantastique	Science-fiction	Nouvelles	Ouvrage général

📖 = 1 élève

b) Combien d'élèves de plus ont voté
   pour des livres fantastiques plutôt que
   des livres de science-fiction?

c) Combien d'élèves de moins ont voté pour des
   livres de science-fiction plutôt que des nouvelles?

1. Megan a demandé à ses camarades de classe d'encercler leur saison préférée. Elle a donné les choix suivants.

   Printemps   Été   Hiver

   a) Y a-t-il suffisamment de choix? _____ Explique. _____

   _____

   b) Quel choix devrait-elle ajouter? _____

2. Alex a demandé à ses camarades de classe d'encercler le nombre de frères et sœurs qu'ils ont. Il a offert les choix suivants.

   0   1   2   3

   Anne a 4 frères et sœurs, et Carl 6 frères et sœurs.

   a) Anne et Carl peuvent-ils répondre à ce sondage? _____

   b) Quel choix Alex pourrait-il ajouter afin que Carl et Anne puissent répondre au sondage? _____

3. Demande à tes camarades de classe comment ils se sont rendus à l'école aujourd'hui.

   a) Compte.

   Titre : _____

Façon de se rendre à l'école	Pointage
Autobus scolaire	
Voiture	
À pied	
Bicyclette	
Scooter	
Autre	

   b) Fais un pictogramme. ☺ = 2 élèves

Pour écrire une question de sondage,

- Décide ce que tu veux savoir.

  Exemple :
  Quel est le fruit préféré de mes camarades de classe?

- Assure-toi que la question n'a pas trop de réponses possibles. Une des réponses pourrait être « autre ».

  Exemple :
  Quel est ton fruit préféré?   ✗ Cette question peut donner trop de réponses.

  -

  Quel fruit aimes-tu?   ✗ On peut donner plus qu'une réponse.
  ☐ pomme ☐ raisin ☐ orange ☐ autre

  -

  Quel est ton fruit préféré?   ✓ Ceci est une meilleure question de sondage.
  ☐ pomme ☐ raisin ☐ orange ☐ autre

4. a) Écris une question de sondage pour trouver quelles garnitures de pizza les élèves préfèrent. _____

_____

_____

b) Écris les réponses possibles à ta question.

☐ _____   ☐ _____   ☐ _____

☐ _____   ☐ _____   ☐ autre

5. Écris une question de sondage différente que tu pourrais poser à tes camarades de classe.

_____

_____

_____

6. a) Fais un sondage auprès de tes camarades de classe pour trouver leurs matières préférées. Utilise le tableau pour établir une fiche de pointage et compter les résultats.

Matière	Pointage	Comptage
Anglais		
Français		
Éd. physique		
Math		
Science		
Autre		

b) Quelle serait la meilleure échelle (compter par 1, 2, 3, 5 ou 10) pour un

diagramme à bandes de tes données? _____ Explique. _____

_____

_____

c) Utilise l'échelle que tu as choisie à la partie b). Crée un diagramme à bandes pour les données tu as collectées.

Titre : _____

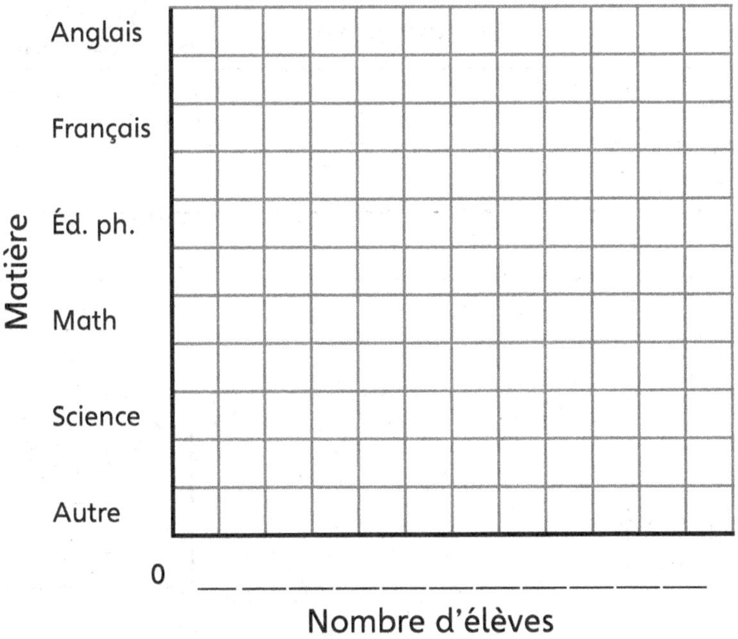

Nombre d'élèves

d) Indique 3 conclusions que tu peux tirer à partir de ton diagramme.

Les résultats

Lorsque tu lances un dé, fais tourner une aiguille sur une roulette ou joue à un jeu, tu obtiens des **résultats**.

Alice joue à un jeu de cartes avec un ami. Il y a trois résultats possibles :

1. Alice gagne.
2. Alice perd.
3. Il y a **égalité** ou **partie nulle**. Le jeu se termine et personne ne perd ni ne gagne.

I. Dresse une liste de tous les résultats possibles de la roulette. Combien as-tu obtenu de résultats au total?

a)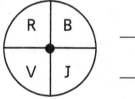
_____ 5, 6 _____

_____

Nombre de résultats : __2__

b)
_____

_____

Nombre de résultats : _____

c)
_____

_____

Nombre de résultats : _____

d)
_____

_____

Nombre de résultats : _____

2. Remplis le tableau.

		Résultats possibles	Nombre de résultats
a)	lancer une pièce de monnaie	pile, face	2
b)	lancer un dé		
c)	jouer au soccer		

3. Tu sors une balle d'une boîte. Combien de résultats y a-t-il?

a)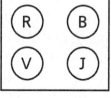

_____ résultats

b)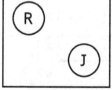

_____ résultats

c)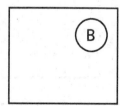

_____ résultats

d)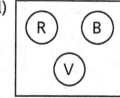

_____ résultats

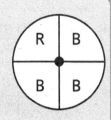

On obtient quatre résultats :

1. L'aiguille tombe dans la région bleue dans le coin supérieur droit.
2. L'aiguille tombe dans la région bleue dans le coin inférieur droit.
3. L'aiguille tombe dans la région bleue dans le coin inférieur gauche.
4. L'aiguille tombe dans la région rouge.

4. Combien de résultats peut-on obtenir au total en faisant tourner la roulette ou en prenant une balle de la boîte?

a)

_____ résultats

b)

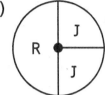

_____ résultats

c)

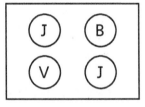

_____ résultats

d)

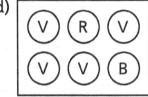

_____ résultats

5. a) Combien de résultats peut-on obtenir lorsque l'on sort

une bille de la boîte sans regarder? _____

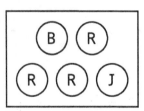

b) Combien de résultats peut-on obtenir lorsque

l'on sort une bille rouge? _____

6. Combien de résultats donnent la roulette? Combien de résultats peut-on obtenir en tombant sur le blanc?

a)

Nombre de résultats : _____

Nombre de résultats blancs : _____

b)

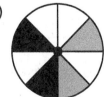

Nombre de résultats : _____

Nombre de résultats blancs : _____

1. Colorie **la moitié** des pièces.

a)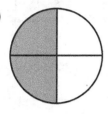

___2___ pièces dans la moitié
d'une tarte

___4___ pièces dans une tarte

b)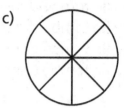

_____ pièces dans la moitié
d'une tarte

_____ pièces dans une tarte

c)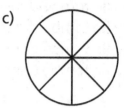

_____ pièces dans la moitié
d'une tarte

_____ pièces dans une tarte

d)

_____ pièces dans la moitié
d'une tarte

_____ pièces dans une tarte

e)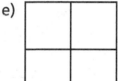

_____ pièces dans la moitié
d'une boîte

_____ pièces dans une boîte

f)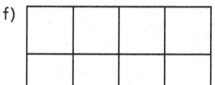

_____ pièces dans la moitié
d'une boîte

_____ pièces dans une boîte

2. Divise par 2.

a) $8 \div 2 =$ _____

b) $4 \div 2 =$ _____

c) $6 \div 2 =$ _____

d) $10 \div 2 =$ _____

e) $20 \div 2 =$ _____

f) $18 \div 2 =$ _____

g) $2 \div 2 =$ _____

h) $14 \div 2 =$ _____

3. Remplis le tableau.

Nombre	10	8	14	16
Moitié du nombre	5			
Somme	_5_ + _5_ = 10	___ + ___ = 8	___ + ___ = 14	___ + ___ = 16

4. Encercle la moitié des lignes et divise en ensembles égaux.

a)

b)

c)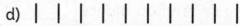

d) | | | | | | | | | | | |

5. Encercle la moitié des triangles.

a)  ⟨△ △ △⟩ △ △ △   b)  △ △ △ △ △ △ △ △

c) 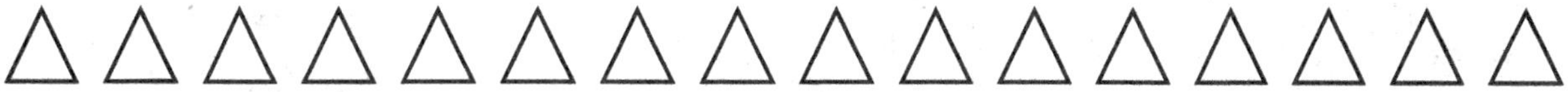 △ △ △ △ △ △ △ △ △ △ △ △ △ △ △ △

6. Colorie I carré de moins que la moitié des carrés.

a) 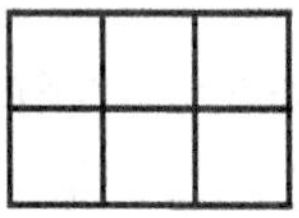   b)

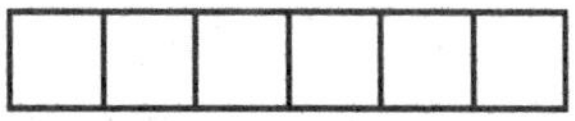

c) 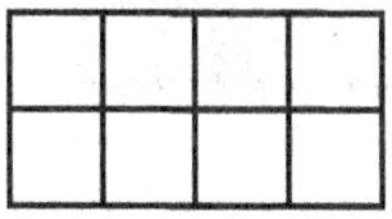   d)

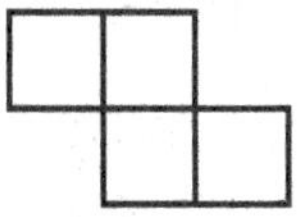

7. Colorie I carré de plus que la moitié des carrés.

a) 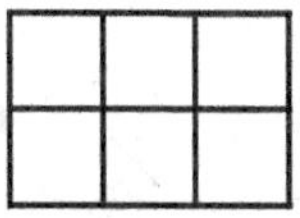   b)

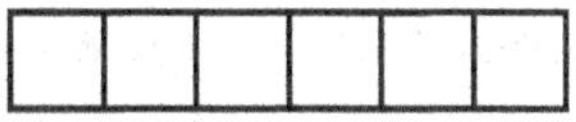

c) 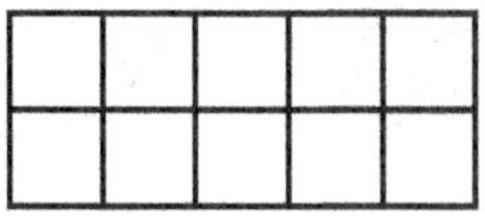   d)

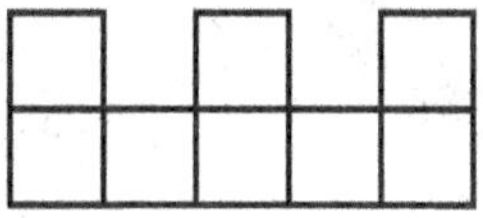

8. Le premier nombre est-il plus grand que la moitié, égal à la moitié ou moins de la moitié du second nombre? Indice : Trouve d'abord la moitié du second nombre.

a) 2 est _moins de la moitié_ de 6.   b) 3 est _____ de 8.

c) 5 est _____ de 12.   d) 6 est _____ de 10.

e) 9 est _____ de 18.   f) 5 est _____ de 16.

g) 9 est _____ de 12.   h) 10 est _____ de 14.

i) 6 est _____ de 8.   j) 7 est _____ de 10.

k) 3 est _____ de 6.   l) 4 est _____ de 6.

9. Combien de zones de la roulette sont-elles coloriées? Combien de zones y a-t-il au total? Encercle la roulette dont la moitié est exactement coloriée.

a)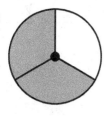

_____ zones coloriées

_____ zones au total

b)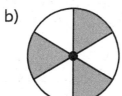

_____ zones coloriées

_____ zones au total

c)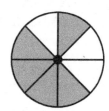

_____ zones coloriées

_____ zones au total

La moitié de la roulette est grise. Tu peux prévoir tomber dans une zone grise la moitié du temps.

Il y a une **chance égale** que tu tombes dans une zone grise.

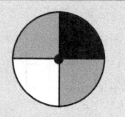

---

10. Compte les zones coloriées et non coloriées. Encercle les roulettes où tu as une chance égale de tomber dans une zone grise.

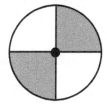 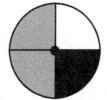 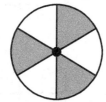 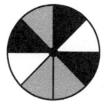 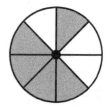 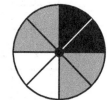

11. Une boîte compte six billes dont trois sont jaunes.

a) Est-ce que la moitié exactement des billes sont jaunes? _____

b) Y a-t-il une chance égale de tirer une bille jaune? _____

12. Une boîte compte douze billes dont sept sont vertes.

a) Est-ce que la moitié exactement des billes sont vertes? _____

b) Y a-t-il une chance égale de tirer une bille verte? _____

13. Une équipe de hockey a remporté 7 matchs sur 12. L'équipe a-t-elle remporté plus de la moitié de ses matchs? Explique.

BONUS ▶ Une équipe de basketball a remporté 4 matchs sur 6. Basée sur la performance des 6 derniers matchs, l'équipe a-t-elle eu une chance égale de gagner? Explique.

Égal, probable et improbable

1. À quelle fréquence penses-tu tomber dans une zone blanche? Écris « plus de la moitié du temps », « la moitié du temps » ou « moins de la moitié du temps ».

a)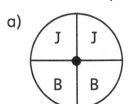

b)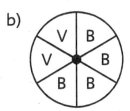

c)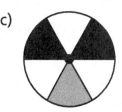

_____

_____

d)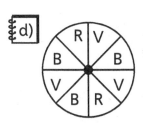

e)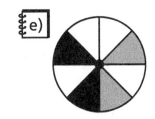

f)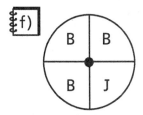

> Lorsque tu décris le résultat d'un jeu, du lancement d'un dé ou du roulement de la roulette, tu décris un **événement**.
>
> Tu t'attends à un événement **égal** s'il survient exactement la moitié du temps.
>
> Tu t'attends à un événement **probable** s'il survient plus de la moitié du temps.
>
> Tu t'attends à un événement **improbable** s'il survient moins de la moitié du temps.

2. Indique si l'événement est probable ou improbable.

a)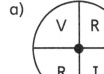

Tomber sur le vert est

_____.

b)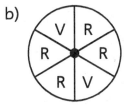

Tomber sur le rouge est

_____.

c)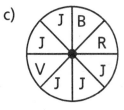

Tomber sur le jaune est

_____.

3. Décris les possibilités que l'événement soit « probable », « égal » ou « improbable ».

a) 8 billes dans une boîte, 4 billes rouges
Événement : Tu sors une bille rouge.

b) 10 billes dans une boîte, 6 billes rouges
Événement : Tu sors une bille rouge.

c) 6 chaussettes dans un tiroir,
4 chaussettes noires
Événement : Tu sors I chaussette noire.

d) 12 pièces dans une poche, 3 pièces
de dix cents
Événement : Tu sors I pièce de dix cents.

Si un événement ne peut pas survenir, c'est **impossible**. Il est impossible de rouler un 8 avec un dé parce qu'un dé ne compte que les nombres 1, 2, 3, 4, 5 et 6 sur ses faces.

Si un événement doit survenir, il est **certain**. Lorsque tu lances un dé, c'est certain que tu rouleras un nombre plus petit que 7.

Tu tomberas **probablement** sur le jaune sur la roulette de la photo. Il est **improbable** que tu tombes sur le rouge.

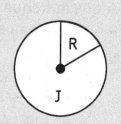

4. Écris « certain », « probable », « improbable » ou « impossible » pour décrire les chances de l'événement.

a)

Tomber sur le vert est

_____.

b)

Tomber sur le jaune est

_____.

c)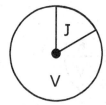

Tomber sur le rouge est

_____.

d)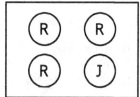

Choisir le rouge est

_____.

e)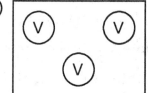

Choisir le vert est

_____.

f)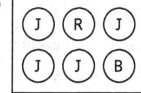

Choisir le jaune est

_____.

g)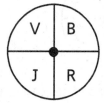

Tomber sur le jaune est

_____.

h)

Tomber sur le vert est

_____.

i)

Tomber sur le rouge est

_____.

5. Quelle couleur de bille est-il probable que tu prennes, rouge ou bleue? Explique ta pensée.

Jeux équitables

I. Combien de résultats y a-t-il? Tous les résultats sont-ils égaux?

a)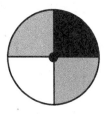

b)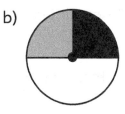

c)

d)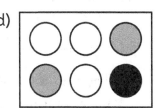

a) ___4___ résultats   b) ___3___ résultats   c) _____ résultats   d) _____ résultats

___Égaux___   ___Pas égaux___   _____   _____

Un jeu est **équitable** si tous les joueurs ont les mêmes chances de gagner. Tu peux vérifier si un jeu est équitable :

Étape I : Vérifie si tous les résultats sont égaux.

Étape 2 : Compte combien de résultats donnent une victoire à chaque joueur.

Si le nombre de résultats gagnants est le même pour tous les joueurs, le jeu est équitable.

---

2. Combien de résultats gagnants chaque joueur a-t-il?

a) Le joueur I gagne s'il tombe sur le blanc et le joueur 2 s'il tombe sur le gris.

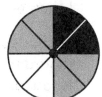

Le joueur I a ___2___ résultats gagnants.

Le joueur 2 a ___4___ résultats gagnants.

b) Le joueur I gagne s'il joue face et le joueur 2 gagne s'il joue pile.

Le joueur I a _____ résultat gagnant.

Le joueur 2 a _____ résultat gagnant.

c) Le joueur I gagne s'il lance I, le joueur 2 gagne s'il lance 2 et le joueur 3 gagne s'il lance 3, 4 ou 6.

Le joueur I a _____ résultat gagnant.

Le joueur 2 a _____ résultat gagnant.

Le joueur 3 a _____ résultats gagnants.

3. Dans quelle partie de la question 2, le jeu est-il équitable? _____

4. Écris « vrai » ou « faux ».

a) Des joueurs font tourner la roulette ci-contre. Le joueur 1 gagne en tombant sur le noir et le joueur 2 en tombant sur le gris.

Les résultats sont égaux. _____Vrai_____

Tous les joueurs ont le même nombre de résultats gagnants. _____Faux_____
Le jeu est équitable. _____Faux_____

b) Des joueurs lancent un dé régulier. Le joueur 1 gagne en lançant un 1 et le joueur 2 en lançant un 6.

Les résultats sont égaux. _____

Tous les joueurs ont le même nombre de résultats gagnants. _____

Le jeu est équitable. _____

c) Des joueurs lancent un dé régulier. Le joueur 1 gagne en lançant un 1 ou un 2 et le joueur 2 en lançant un 5 ou un 6.

Les résultats sont égaux. _____

Tous les joueurs ont le même nombre de résultats gagnants. _____

Le jeu est équitable. _____

d) Des joueurs prennent des billes dans une boîte sans regarder. Le joueur 1 gagne s'il prend une bille grise et le joueur 2 gagne s'il prend une bille noire.

Les résultats sont égaux. _____

Tous les joueurs ont le même nombre de résultats gagnants.

_____

Le jeu est équitable. _____

e) Des joueurs prennent des billes dans une boîte sans regarder. Le joueur 1 gagne s'il prend une bille grise, le joueur 2 gagne s'il prend une bille noire et le joueur 3 s'il prend une bille blanche.

Les résultats sont égaux. _____

Tous les joueurs ont le même nombre de résultats gagnants.

_____

Le jeu est équitable. _____

5. Qui a la meilleure chance de gagner? Si les chances sont les mêmes, écris « la partie est équitable ».

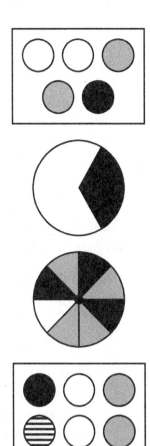

a) Des joueurs prennent des billes dans une boîte sans regarder. Si la bille est grise, le joueur 1 gagne et si la bille est blanche, le joueur 2 gagne.

_____

b) Des joueurs lancent des fléchettes sur une cible. Si une fléchette tombe sur une section noire, le joueur 1 gagne et si une fléchette tombe sur le blanc, le joueur 2 gagne.

_____

c) Des joueurs font tourner une roulette. S'ils tombent sur le gris, le joueur 1 gagne. S'ils tombent sur le noir, le joueur 2 gagne. S'ils tombent sur le blanc, le joueur 3 gagne.

_____

d) Des joueurs prennent des billes dans une boîte sans regarder Si la bille est noire, le joueur 1 gagne. Si la bille est blanche, le joueur 2 gagne. Si la bille est rayée, le joueur 3 gagne.

_____

6. Anton doit tomber sur le bleu pour gagner. Emma doit tomber sur le jaune pour gagner. Dessine une roulette avec au moins 4 sections et colorie selon les chances données.

a) Anton a plus de chances de gagner.

b) Emma a plus de chances de gagner.

c) La partie est équitable.

BONUS ▶ Dessine une roulette avec au moins 6 sections afin qu'Emma ait plus de chances de gagner.

7. Des joueurs prennent 5 cartes sans regarder. Si le nombre est inférieur à 4, le joueur 1 gagne. Si le nombre est 4 ou plus, le joueur 2 gagne. Le jeu est-il équitable? Explique.

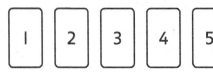

PDM3-16 Espérance mathématique

La moitié de la roulette est rouge. Tu t'attends à tomber sur le rouge la moitié du temps.

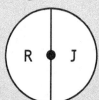

Un quart de la roulette est bleu. Tu t'attends à tomber sur le bleu un quart du temps.

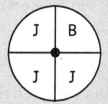

1. David gagne en tombant sur le rouge et Jax en tombant sur le vert. Ils font tourner la roulette 20 fois.

   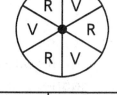

   a) Combien de fois les deux gagneront-ils?

   David : _____ fois   Jax : _____ fois

   b) Le pointage montre le résultat de la partie. Jax dit que

   le jeu n'est pas équitable. Es-tu d'accord? _____

   | Rouge |卌 III |
   | Vert | 卌 卌 II |

2. a) Lance une pièce de monnaie 30 fois et compte le nombre de piles et de faces.

Résultat	Pointage	Comptage
Pile		
Face		

   b) Si tu lances une pièce de monnaie de façon répétitive, à quelle fréquence prévois-tu tomber sur face? La moitié du temps? Plus de la moitié? Moins de la moitié?

   _____

3. a) Si tu fais rouler un dé 20 fois, combien de fois t'attends-tu

   à tomber sur un nombre pair (2, 4 ou 6)? _____

   b) Combien de fois t'attends-tu à tomber sur un nombre impair (1, 3 ou 5)? _____

   c) Fais rouler un dé 20 fois. Compte tes résultats.

Résultat	Pointage	Comptage
Nombre pair (2, 4 ou 6)		
Nombre impair (1, 3 ou 5)		

   Tes résultats correspondent-ils à tes attentes? _____

4. Utilise un trombone. Tiens un crayon et fais tourner le trombone autour de la pointe du crayon.

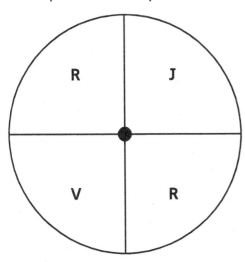 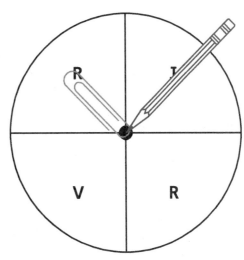

a) Si tu fais tourner le trombone 20 fois, combien de fois

   prévois-tu tomber sur le rouge? _____

b) Fais tourner le trombone 20 fois. Établis une fiche de pointage
   de tes résultats. Tes résultats correspondent-ils à tes attentes? _____

Couleur	Pointage	Comptage
Rouge		
Vert		
Jaune		

5. Tu joues à un jeu de société avec la roulette ci-dessous.

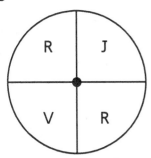

Couleur	Action
Rouge	un espace vers l'avant
Vert	un espace vers l'arrière
Jaune	rate un tour

a) En faisant tourner la roulette, est-il probable que tu rates un tour? Explique.

b) En faisant tourner la roulette, dans quelle direction est-il plus probable
   que tu ailles, vers l'avant ou l'arrière?

c) Crée une roulette où il est plus probable que tu ailles vers l'arrière.